Comment manager son chef

Éditions d'Organisation
1, rue Thénard
75240 Paris Cedex 05
www.editions-organisation.com

© Éditions d'Organisation, 2005
ISBN : 2-7081-3295-4

Philippe Deval

Comment manager son chef

Illustrations réalisées par
Luc Tesson

**Éditions
d'Organisation**

Sommaire

Introduction

Les managers sont des athlètes du quotidien ! Pour vous en convaincre, lisez les rubriques des catalogues de training qui leur sont proposés : « Être un manager coach » – « Le manager intuitif » – « Le management stratégique » – « Les leadership assessments » ; ou, mieux encore : « La stratégie du go appliquée à l'entreprise » ! Les revues de management parlent de manager de proximité, de manager de managers ou même de manager de dirigeants... sans que ceux-ci puissent prétendre toutefois – quelle déception ! – à plusieurs de ces qualificatifs. Le manager bénéficie, en outre, de coachs. Bref ! il est l'objet de toutes les attentions.

Colonne vertébrale de l'entreprise, acteur du changement, le manager doit être tout à la fois intrapreneur, porteur d'enthousiasme, s'affirmer comme le premier supporter de son équipe... Arrêtons là ! Nous ne reconnaissons déjà plus Patrick B., Gisèle H., Jean D. À nos yeux, tantôt il incarne un pouvoir, tantôt il détient un savoir mystérieux auquel nous ne saurions prétendre. Il est à l'origine de ces décisions qui réorganisent nos fonctions, nos modes de travail, voire notre carrière... et que nous découvrons soudainement. Nous pensons qu'il sait... qu'il sait ce qui se passera dans un ou trois ans comme dans trente jours et qu'il peut donc influer sur ces choix. Il est celui qui fait et qui défait. L'inconvénient est que cela concerne surtout notre travail et qu'il peut nous transformer en Pénélope. Il est celui à qui l'on prête une capacité ou… incapacité

Le manager envahit notre quotidien. Il a inventé l'urgent pour nous contraindre à tout arrêter et nous impliquer dans une tâche qui mystérieusement perdra tout intérêt pour lui dans deux heures. Le voici qui met l'accent sur la petite erreur. Celle faite par étourderie alors que nous avons consacré des heures à un travail de fond dans des conditions de travail qui ne permettaient pas une bonne concentration. Il appuie là où ça fait mal mais est aveugle à l'essentiel d'un travail fait et bien fait.

Le manager réfléchit vite. Très vite même. Bon, d'accord ! Son niveau d'études explique cette capacité à conceptualiser et modéliser. Mais il a un avantage sur nous, celui d'avoir en main toutes les cartes, tandis que nous sommes dans le noir le plus complet et avançons à tâtons, découvrant pas à pas la direction à prendre et nous heurtant tels des aveugles à tous les obstacles du quotidien : courrier à rédiger, classement à réaliser, préparations à faire, interfaces internes et externes à organiser.

Un manager, c'est nécessaire ! Nous ne le contestons pas. Il vit son propre stress, ses propres peurs/incertitudes/frayeurs : les « PIF ». Il se place souvent tel un bouclier pour protéger son équipe, il est plein de bonnes intentions, néanmoins maladroites. Il vit avec la tyrannie des courriels, avec les mémos assassins, le désir d'une carrière à laquelle il n'accède que rarement.

Lui et moi, sommes ensemble. Non pas pour le meilleur et pour le pire, car je ne lui consacrerai jamais les meilleures années de ma vie et tiens à mon espace de liberté, mais pour une performance, pour le plaisir du bel ouvrage, pour une synergie et une complémentarité. Il a besoin de moi pour finaliser des dossiers, initier l'action, disposer d'alertes et de signaux de vigilance. J'ai besoin de lui pour me fixer des lignes directrices, pour concevoir un service et apporter de la valeur. Mais je réclame aussi mon autonomie.

© Éditions d'Organisation

Chapitre 1

À quel genre de chef avez-vous affaire ?

ET TOI.. TON PÈRE, IL EST MANAGER!!

Il est, avouons-le, souvent énigmatique, généralement para-doxal dans ses attentes et ses messages. Lui qui semble endosser chaque matin une armure – mais la quitte-t-il réellement le soir, rentré chez lui ? Il est aussi si maladroit et déroutant.

Le cost *killer*[1]

Quelques insignes de performance : un *award* sur le bureau, un diplôme sur le mur. Vous découvrez ainsi un à un ses trophées. Ici dans le meuble-vitrine qui fait face à son bureau, là derrière lui sur une étagère.

Le bureau est vide de tout document : pas de papier superflu. La performance est son mot préféré dès qu'il reçoit un visiteur. Il pense – il en est sûr, en fait – que la sobre rigueur dont il se veut le garant est le début de la compétence.

Il est craint et, chose curieuse, même de son supérieur hiérarchique. On se félicite de sa performance mais ne souhaite que très rarement le voir s'intéresser à *son* département ou *son* projet, de peur qu'il ne découvre « ces points de progrès », comme il les désigne, ou ces investissements superflus. Il a l'œil incisif qui lui permet de découvrir les sources de productivité, les postes de gain et d'efficacité que l'on feignait de ne pas voir, auxquels, une fois annoncés en réunion de direction, vous ne pourrez que vous soumettre d'un « il est bien évident que nous allons nous y attaquer dans les prochaines semaines ». Son propos n'est pas assassin. Il est simplement juste mais les effets dévastateurs sont tout aussi importants.

Gare au débutant, candidat à un emploi. Aucun n'a trouvé grâce à ses yeux et tous ont été déchiquetés à belles dents. Mais ils sont partis avec de bons conseils sur « comment performer », l'*improvment process*, « vaincre l'acheteur »…

---

1. *Cost killer* ou « tueur de coûts ».

© Éditions d'Organisation

Le temps semble son pire ennemi. Le temps ou l'âge ? Il craint avant tout, tels ces rois de la mythologie grecque, l'arrivée du jeune héros qui le terrassera.

Comment le décrire ?

✓ Il soigne son look.

✓ Il n'attend rien de vous. À moins que...

✓ Il ne vous a jamais félicité, ne s'est jamais enquis de votre vie de famille bien que, par on ne sait quelles modalités, il connaisse l'âge de vos enfants, le métier de votre mari ou épouse.

✓ Il a besoin d'avoir confiance en vous et apprécie, mais ne vous le dira jamais, votre capacité à préparer le quotidien sans jamais qu'il ait à en formuler le besoin. Il affectionne ces informations transmises indirectement *via* un parapheur ou un semainier. Il a besoin de ce ton tranquille lorsque vous lui annoncez tel événement.

L'hyperactif

Il est cordial, semble s'intéresser à vous bien que par moments vous puissiez vous demander si ce n'est pas superficiel. À peine vous sait-il là, qu'il ne peut plus se retenir. Que voulez-vous, vous arrivez à 8 h 30 mais il est là depuis 7 h 00 et il a eu le temps d'avoir des idées, de se lancer dans deux projets !

Sa performance ? Faire trois ou quatre choses à la fois, pouvoir sauter d'un thème à l'autre sans pour autant oublier les spécificités du premier. En réunion, il vous sera toujours difficile de suivre sa démonstration. Il saute du coq à l'âne, il fait un aparté, précise-t-il en s'excusant, à moins qu'il « n'ouvre une parenthèse » comme il le souligne. Et il en ouvre beaucoup, rendant tout exposé difficile à suivre, tout projet quasiment impossible à partager. On ne souhaite alors qu'une seule chose : c'est qu'il le délègue rapidement.

Car c'est aussi là une de ses qualités ou un de ses défauts : on ne sait plus très bien. Se lançant dans quatre projets différents, l'hyperactif ne peut les conduire tous. Aussi a-t-il besoin de déléguer. Et plus tôt il le fera, plus vite l'équipe redeviendra efficace. Le problème est qu'une de ses idées équivaut à trois ou quatre journées de travail pour vous. Or, vous avez vos propres priorités et charges de travail. Voilà la difficulté !

Ce qui est décourageant avec lui, c'est qu'un dossier qui semblait important avant-hier est oublié ou supplanté par un autre aujourd'hui.

L'hyperactivité, précisent les psychanalystes, est un mécanisme de défense. Une personne se place en hyperactivité pour éviter – c'est-à-dire ne pas affronter – ses angoisses. Fort bien, direz-vous, mais la réalité est qu'un hyperactif nous place nous-même en hyperactivité et c'est bien là le problème.

Notre hyperactif est aussi un super-gaffeur qui vit dans l'instant en étant persuadé que l'important est d'être réactif. Il a le souci de la franchise précise-t-il. Enfin… plutôt de la gaffe et de l'information malencontreuse distillée au mauvais moment ou encore de la bourde en réunion de service. Celle qui vexe à mort l'un des participants. Tourner sept fois sa langue dans sa bouche avant de parler est pour lui contre nature. Chaperonnez-le !

Faire et ne pas faire…

✓ Si vous êtes suffisamment en confiance avec lui, utilisez le registre de l'humour car il a conscience de ses gaffes. Faites-lui alors la liste des choses à ne pas dire en réunion.

✓ Sinon, préparez-lui des petites fiches pratiques afin qu'il puisse structurer son exposé, fiches annotées de commentaires sur le mode : « Attention, M. X n'apprécie pas qu'on évoque… »

VOUS ÊTES UN FAUX HYPERACTIF EN HYPERACTIVITÉ PAR RÉACTION À L'HYPERACTIVITÉ DE VOTRE MANAGER. ENVOYEZ-MOI VOTRE MANAGER.

✓ Mais il envahit aussi votre quotidien par des irruptions impré-
vues, juste pour vous confirmer un point ou vous donner un
dossier sur le ton désolé : « Je sais que vous êtes déjà occupée,
mais... » Prenez alors à votre tour ce même ton désolé et triste.
Que voulez-vous, c'est un affectif et il ne résistera pas à vos
arguments. Faites alors la liste, en l'exagérant un peu, des
dossiers à traiter.

La statue de commandeur

Il force le respect. Il est vrai qu'il allie la posture et l'apparence
du sage respecté. Il est toujours habillé de façon impeccable.
Impeccable mais sans aucune surprise. Un brin vieillot. Un brin
classique. Nul ne saurait dire qu'elle était la couleur de sa
chemise l'avant-veille.

Paternaliste avec son équipe comme avec ses collègues du
comité de direction, notre manager utilise des formules qui font
chaud au cœur et vous persuadent un instant que vous apparte-
nez au cercle de ses intimes. « Mes amis... » est ainsi l'une de
ses expressions favorites dans ses courriels à destination de ses
collègues.

Il est pourtant impitoyable, a le verbe assassin sous couvert
d'amabilité. Il a la remarque qui fait mal, cette flèche décochée
là où on ne s'y attend pas. Nul ne trouve grâce à ses yeux : ni
collègue, ni collaborateur, ni même le directeur général. Si vous
êtes proche de lui, il vous regardera avec bienveillance. Éternel
insatisfait, il vous tancera pour un détail, pour une petite imper-
fection à ses yeux, alors qu'aux vôtres, tout allait bien.

Vous vous éloignez de lui par logique de carrière. Vous n'êtes
déjà plus rien. Il vous ignore. Sans mépris ni colère. C'est simplement de l'indifférence. Cependant si vos chemins devaient se
croiser et si vous deviez vous opposer à lui ou à un membre de
son équipe, il serait impitoyable. Rappelant vos faiblesses

présumées, un dossier que vous n'auriez pas su en son temps mener à bout, des incapacités dont vous ignoriez vous-même l'existence mais qui, affirmées par lui, semblent évidentes et vous qualifient d'emblée.

Il organise des réunions théâtralisées selon un rituel immuable et veille au bon respect de l'horaire et du thème. Impossible de dériver. Celui qui parle est toisé d'un œil attentif. Mais gare à qui se permettrait de faire durer son temps de parole ou se laisserait aller à quelques critiques d'un collègue.

Pire encore ! à commettre le crime de lèse-majesté en s'agaçant d'un dysfonctionnement du service. Il serait rapidement renvoyé dans ses cordes d'un « mon petit Patrick... », ou « tout cela est très intéressant, mais vous dérivez... ». À moins que la formule ne soit plus sévère et légèrement menaçante : « Vous viendrez m'en parler dans mon bureau ce soir à ... » Et tous alors de compatir.

La performance de son équipe est toujours au rendez-vous. Pourrait-il en être autrement ? Quelques mauvaises langues dans le comité de direction précisent que de toute façon il n'a jamais eu à défendre un objectif imposé par la direction générale, les fixant lui-même comme autant d'évidences stratégiques à relever.

Le chef de tribu

Son équipe semble soudée, solidaire. Le ton est à la cordialité. Ses proches collaborateurs ne le désignent-ils pas par son prénom ?

Invité à pénétrer dans son bureau, vous accéderez à un espace où se côtoient des bibelots que vous devinerez d'une certaine valeur, des *awards* et des dossiers en cours. Dans un coin, un réfrigérateur d'où il sortira en été une bière bien fraîche. Les fauteuils sont modernes et confortables. On se laisse aller à se pencher en arrière ou se balancer légèrement. La conversation est cordiale, dévie aisément sur tel ou tel point d'actualité ou de politique. Vous êtes déjà dans son jeu : il veut vous connaître, comprendre vos valeurs, votre « appartenance », comme il le dit lui-même. À ceci près que personne ne connaît sa propre échelle des appartenances.

C'est un chef de tribu. Son équipe respecte comme autant d'évidences nécessaires ses rituels. Ils sont quotidiens, tel le café pris en commun dans le bureau de la secrétaire ; hebdomadaires, telles ces réunions des chefs de service dans son bureau

© Éditions d'Organisation

PFF. TOUT ÇA POUR AVOIR LE DROIT DE JOUER AVEC EUX AUX INDIENS..

le lundi matin. Il y a un lieu de coutume : une pièce où n'accèdent que les initiés. Mi-salle de réunion, mi-capharnaüm, mi-salle des trophées. On y fait des conciliabules, on y prépare les réunions importantes : le budget, la réunion « bilan ».

La tribu a son ancêtre. Il s'agit d'un ancien directeur, aujourd'hui parti. Certaines mauvaises langues disent qu'il a été mis sur la touche par l'actuel titulaire du poste. Il est celui à qui toute la tribu « doit tout ». Qui aurait construit en partie la performance, aurait su faire face à quelques crises, obtenu les investissements pour le département. On ne peut en parler qu'avec respect et seul le chef de tribu peut évoquer son nom.

La tribu est solidaire. Elle entre en combat en même temps. Pour cela, elle a ses guerriers : quelques collaborateurs grognons, prêts à s'opposer et élever le ton. Éternels insatisfaits, à les entendre ils sont noyés par le travail et les incapacités des autres. On les emmène en réunion avec soi, sûr de les entendre grommeler ou s'indigner dès qu'un projet ou propos semble mettre en danger la tribu.

Celle-ci a son territoire. Tant que vous ne l'enfreignez pas, vous êtes bien accueilli et pouvez vous croire des leurs. Mais gare si vous empiétez sur un domaine de compétences de la tribu, si vous vous laissez aller à quelques commentaires techniques pouvant laisser croire que vous vous intéressez à un projet piloté par elle ! La tribu solidaire saura réagir, soit par l'entremise de ses guerriers soit par des guerres de territoire. Dans ce dernier cas, vous n'obtiendrez plus le service attendu, serez le dernier servi. Pire encore, vous serez mis en cause sans que vous le sachiez. On dénoncera alors vos choix et orientations contraires à l'intérêt de l'entreprise. Entendez, en fait, contraires aux intérêts de la tribu.

La tribu recourt au bizutage. Pour elle, il s'agit d'un rituel initiatique. Pour le nouveau venu, le parcours semble parsemé d'embûches et d'inégalités. Pas question, par exemple, d'accéder aux mêmes primes que les autres, et ce même si l'on n'est plus un débutant. Pas question non plus de participer à toutes les réunions, partager les rituels ou tutoyer le chef. Il ne pourra le faire qu'à l'issue du parcours, le jour où il sera invité dans le lieu de coutume.

Caliméro

Caliméro, personnage de dessins animés des années 1950, est représenté sous les traits d'un poussin avec sa coquille sur la tête. Caliméro découvre le monde. Il est toujours surpris de ce qui lui arrive, mais reste d'humeur égale avec un zest d'humour et un brin désabusé.

Notre manager est à son image. Peut-être n'est-il pas préparé à la jungle du management, à ces conflits de territoire, ces évaluations de votre travail réalisées en votre absence pour le critiquer et suggérer votre incompétence, ou encore ces encouragements qui signifient leur contraire. Il découvre la mise en scène de la vie professionnelle.

On le sent encore peu intégré dans le groupe des managers. Échaudé par quelques commentaires acerbes, il n'ose plus prendre de décision sans en référer à son supérieur hiérarchique. Vous le trouvez touchant, appréciez son intelligence vive. C'est d'ailleurs la raison pour laquelle il a été promu.

Il est proche de vous, n'hésitant pas à se confier. Mais n'est-il justement pas trop proche ? A-t-il raison de confier ses états d'âme ? Déjà sentez-vous dans l'équipe quelques doutes exprimés par les uns et les autres sur sa capacité à conduire le département et relever les enjeux qui lui sont impartis.

Faire et ne pas faire...

✓ Il a besoin d'une aide, d'un conseil. Il a besoin de vous et de la sagesse que vous avez acquise pour déminer le terrain et lui redonner confiance.

✓ Doté d'une intelligence vive, il peut résoudre nombre de problèmes pour l'entreprise. Mais Caliméro est bien tendre pour les vieux crocodiles.

HEU.. JE REVIENS.. JE VAIS DONNER UN COUP DE FIL À MON SUPÉRIEUR..

✓ Ne prêtez jamais attention aux rumeurs et surtout ne cherchez pas à les relayer auprès de lui. Sachez au contraire mobiliser votre réseau. Faites connaître ses succès, car il ne s'en
targuera jamais. Construisez sa légitimité en rappelant les
affaires et dossiers qu'il a su résoudre. Vous aurez ainsi noué,
sans qu'il vous le dise, une complicité qui durera bien au-delà
des quelques années que vous aurez passées ensemble.

✓ Car, hélas, n'en doutez pas ! Caliméro ne reste pas très longtemps à son poste. Il partira dans deux ou trois ans. Ne vous
attachez pas à lui, ne cherchez pas à constituer un rempart en
le protégeant.

Iznogoud

Autre personnage de bandes dessinées, inventé par René
Goscinny, Iznogoud est le grand vizir de Bagdad. Il n'a qu'une
ambition : celle de devenir calife à la place du calife. Épaulé par
son fidèle second, le débonnaire Dilat Larat, ses tentatives
machiavéliques échouent les unes après les autres.

C'est un peu notre manager. Obnubilé par le pouvoir, il vit à la
fois une angoisse et une ambition. Son angoisse est celle de ne
plus exister. Aussi considère-t-il son département comme *son*
territoire. Gare à l'imprudent qui oserait empiéter sur ses
compétences. Selon son niveau hiérarchique, il serait soit pure-
ment éconduit sans ménagement, soit l'objet de tracasseries ou
d'une plainte à son supérieur hiérarchique sur le registre de la
dénonciation et de l'évocation de risques les plus divers. Soit,
encore, s'il s'agissait d'un manager de rang supérieur, d'un
rappel à des procédures et autres formalités dignes d'un roman
de Kafka.

La moindre mission qu'on lui retire, le moindre collaborateur
dont l'embauche est refusée signifie pour lui une mise en cause.
Aussi se transforme-t-il en écureuil et emmagasine-t-il missions

© Éditions d'Organisation

et collaborateurs. Plus il en a, plus son service est étoffé, plus il a le sentiment d'exister.

Son ambition est de progresser et d'être reconnu par la direction. Il ne pense même qu'à cela. Lorsqu'il ne vit pas d'angoisses, il tisse sa toile, imagine comment il peut gagner des points à la cote mensuelle des managers.

UN JOUR JE SERAI D.G À LA PLACE DU D.G !

LUC TESSON.

Faire et ne pas faire...

✓ Iznogoud, comme manager, a besoin d'avoir confiance en vous. Il ne vous demandera que très rarement d'être l'instrument de son ambition. Non ! Plus simplement, ne pouvant pas tout faire – car sa boulimie lui a fait prendre trop de responsabilités –, il se doit de déléguer. Mais n'oubliez jamais de réaliser un *reporting* fréquent et complet de vos activités, difficultés et succès.

✓ Sachez aussi doser vos critiques et griefs vis-à-vis d'un autre service ou de collègues car Iznogoud réagit au quart de tour, imaginant déjà son territoire envahi, son autorité remise en cause et son pouvoir fléchi.

✓ Ne commettez pas l'erreur de prendre partie pour ou contre lui. S'il vous demande si vous êtes bien dans son camp, renversez la relation. Regardez-le surpris et offusquez-vous de sa question sur le ton : « Doutez-vous de moi ? »

L'auto-ego-didacte

Christian est aujourd'hui directeur. Trouvons-lui un titre : directeur du marketing, par exemple. Il est parvenu là à force de travail, précise-t-il, et le parcours ne fut pas de tout repos : embûches, jalousies, coups bas de collègues, retournements de conjonctures…, explique-t-il.

Il a « grandi » dans la culture du résultat et du *reporting* et l'on ne peut que reconnaître les performances de son service sur ces cinq dernières années. Mais Christian est anxieux. Les résultats ne sont plus au rendez-vous depuis l'année dernière. Il doit les présenter au comité exécutif et sait que certaines performances commerciales ne sont pas bonnes cette année. Il s'attend donc à ce que l'équipe commerciale au grand complet mette en cause

JE ME SUIS FAIT TOUT SEUL..

LUC TESSON.

la stratégie marketing. La faute ? Au marché : il est stagnant. À la concurrence : elle casse les prix. À ses collaborateurs : ils n'ont pas su maîtriser le nouveau logiciel de CRM (logiciel de relation client).

Christian est un auto-ego-didacte. Il s'est construit lui-même et apprécie de pouvoir, au cours d'une soirée ou à l'issue d'un séminaire, rappeler son parcours professionnel. Il n'oubliera jamais de mettre en avant quelques « adversités », comme il les désigne lui-même : cette mise à l'épreuve par un directeur général aujourd'hui à la retraite, cette erreur stratégique du département commercial qu'il avait pourtant prévue.

Il veut être aimé et apprécié. Aussi goûte-t-il avec délice ces quelques minutes qu'il passe à la DRH chaque semaine – histoire de saluer un collègue – où on le cite en exemple à de jeunes managers. Christian manage à l'affectif. Il le fait car il en ressent le besoin pour lui. Il le fait car c'est aussi son mode intime de management.

Côté « équipes », il est donc un manager proche d'elles, enclin à les réunir plus que nécessaire. Il donne de l'information, trop peut-être. Il veut les informer. Les réunions sont informelles, et il aime ces points improvisés dans son bureau. Il n'y a pas alors assez de chaises. Les uns sont debout, d'autres s'adossent à une armoire. On discute, on marque des idées sur un *paper-board*. Il croit déléguer. En réalité il donne une charge de travail sans la responsabilité qui va avec. Il est en effet hors de question qu'un membre de son équipe puisse aller défendre auprès de la direction générale un projet.

Côté « performance », il s'agit de la sienne : c'est *sa* performance. Un succès est son succès. Un échec est... En fait l'échec n'est pas admissible. Il ne saurait accepter l'idée que ce soit *son* échec. Il y a donc une cause objective. Le client, le marché, un collaborateur...

Car il peut vite être déçu. Aujourd'hui, il l'est par Hélène, une jeune cadre qu'il a recrutée et imposée à la DRH il y a un an. Elle ne fait pas l'affaire, se persuade-t-il, et lors d'une discussion avec Pierre, le DRH, il explique qu'elle ne sait pas « capter les signaux faibles ». Trop dans ses analyses, « elle ne connaît pas ses clients internes ». Lui en a-t-il parlé, demande Pierre sur un ton anodin ? Ont-ils fait le point à l'issue de cette première année ensemble ? Christian promet de le faire mais élude vite le sujet. Christian omet quelques fondamentaux du management : fixer des objectifs clairs, réalistes et concrets. Définir des fonctions pour éviter les doublons, les tâches que personne ne fera car personne ne veut les faire.

Mais peut-on réellement le lui dire ? Son équipe sûrement pas ! De toute façon, il ne lui laisse guère l'opportunité d'aborder ces questions de fond. Pierre, le DRH ? Il accepte toujours ses conseils, mais semble étonné lorsqu'on lui parle de difficultés de management : « Pourquoi dis-tu ça ? », demande-t-il comme déçu. Et d'expliquer alors et toujours que tel collaborateur n'est pas réellement à la hauteur, qu'il a dû faire ceci, cela et encore cela… Il se veut être partout.

Volapük[1] et Noosphère[2]

Notre manager évolue dans ces deux mondes : « Il faut loguer dans… Tu le recevras dans ton Outlook », ce qui n'est pas une menace, rassurez-vous. Ou encore : « Postponons le projet… Lançons une campagne de *sourcing*. » Implémenter, *workflow*, fichier PDF… Les références techniques côtoient le franglais. Il utilise son PDA, ne jure que par le wifi, ce qui n'est pas une danse mais une connexion sans fil d'un ordinateur, et craint les

1. Volapük : langue artificielle forgée pour servir d'idiome universel et dont la base est l'anglais courant simplifié.
2. Noosphère : le monde des idées décrit par Karl Poppers.

vers. Mais inutile de vouloir le purger, ces vers sont informatiques et envahissent les boîtes e-mails.

N'y voyez pas de snobisme, de tics de langage hérités d'une appartenance à telle ou telle grande école. C'est son langage ! C'est aussi sa façon de travailler. Vous allez prendre un formidable coup de jeunesse. Et dites-vous de toute façon que vous ne pourrez pas vous opposer à cette déferlante de nouveaux outils, modes de travail, références. Il en parle avec tellement de spontanéité que votre mauvaise humeur laissera la place à la curiosité et l'envie de comprendre.

Dans son management au quotidien, il fait référence à des modèles de management et son modèle préféré est la délégation. Il y tient et se fait violence pour vous confier projets et responsabilités sans intervenir pour contrôler. Il ne dirige pas, pestez-vous alors ! Car c'est là un peu le problème. Il n'intervient que sur des chantiers qu'il juge prioritaires, se désinvestissant alors du quotidien du service, des dossiers courants, des échéances habituelles. À vous alors de le discipliner en provoquant des réunions périodiques du service au cours desquelles on fait le point des dossiers et du quotidien, en rappelant dans un calendrier des échéances récurrentes : une réunion, un *reporting*... Mais à vous également d'apprendre peu à peu son langage et les codes qu'il utilise. À vous d'accepter son style de délégation.

Égocentré, il aime faire des exposés complexes. Ses présentations soignées jouent avec les liens hypertexte et les graphismes, au point qu'il perd son auditoire dès le troisième transparent projeté à l'écran.

TANT PiS Si VOUS N' AVEZ RiEN COMPRiS, JE VOUS ENVERRAi TOUT ÇA PAR COURRiEL.

LUC TESSON.

Faire et ne pas faire...

✓ La critique le pique au vif et si vous évoquez devant lui une faiblesse de son mode de management, vous le blesserez. Pas facile alors de lui faire comprendre que son équipe ne le suit plus et que sa performance est aussi analysée dans sa capacité à apporter un service au quotidien.

✓ À vous de le lui rappeler. Comment ? C'est en fait très simple. Comme il vous a délégué l'organisation des réunions de service, mettez ces questions relatives aux missions à court terme à l'ordre du jour et insistez, sans critiquer qui que ce soit, sur les taux de services qui ne seraient pas à la hauteur. Traduit en langage humain, cela signifie que le service apporté à des clients internes et/ou externes n'est pas au niveau des indicateurs définis ensemble. Très bon analyste, il comprendra et saura rapidement diagnostiquer ses propres erreurs.

✓ Proposez-lui de relire ses présentations. Il appréciera car il sait que c'est là l'une de ses faiblesses. N'hésitez pas d'ailleurs à remettre en pages, compléter et corriger et, comme il est définitivement fâché avec l'orthographe, prenez la peine de relire et corriger ses fautes.

© Éditions d'Organisation

Le nouveau venu

Il vient de prendre ses fonctions. Comment va-t-il réagir ? Pourquoi est-il là ? Est-il chargé d'une mission particulière ? En fait, votre manager peut avoir été recruté selon quatre hypothèses :

⑨ Les résultats n'étaient pas au rendez-vous et il faut redresser la barre. Vous ne le savez pas encore, mais vous allez vivre une formidable expérience ! Sachez alors en tirer partie. Le nouveau venu doit être efficace, il doit convaincre, et il le sait. Pour réussir, il veut pouvoir compter sur une équipe et donc déploiera cette énergie, tant en interne qu'en externe. Vous le verrez alors user de solutions nouvelles. Enfin, nouvelles – voire « révolutionnaires » – pour votre entreprise ! Car, en réalité il s'agit de solutions déjà éprouvées. Elles ont la qualité de produire un résultat immédiat.

Devenez à votre tour opportuniste. Suivez cette vague. Ne la craignez surtout pas. Sachez simplement, car cela, il ne vous le dira pas, qu'il se donne entre deux et trois ans. Après, il entend gérer sa carrière, donc grimper d'un échelon. Son centre d'intérêt va donc se décaler vers son supérieur hiérarchique.

⑨ Son prédécesseur ayant été promu et appelé à d'autres responsabilités, il met donc ses pieds dans les pantoufles d'un autre. Bon ! Vous vous dites que le temps qu'il trouve où est le pied droit et le pied gauche, il se passera du temps. Car il n'est pas facile de trouver le bon pied avec une pantoufle. C'est un peu cela. Pas de révolution. Pas de changements en profondeur. Le nouveau venu agira avec prudence en se demandant toujours si son prédécesseur ne va pas réagir. Il cherchera auprès de vous le conseil et vous voici promu au rang de coach temporaire.

Il voudra connaître son territoire et en fera le tour. Tant mieux ! car il va ainsi éliminer certaines zones d'ombre. Ces domaines de compétences dont on ne savait pas si c'était de son ressort ou de celui du bureau d'à côté.

© Son prédécesseur a démissionné, ce départ n'était pas souhaité et laisse un vide... La situation n'est finalement pas si confortable pour le nouveau venu. Il voudra donc connaître les raisons profondes de ce départ. Et s'il y avait un piège ? S'il y avait quelques écueils contraignant à une navigation à vue ?

Il sera méfiant et souffrira toujours des comparaisons. Car le partant a beau être celui qui est parti « à l'anglaise » (ou « à la française »[1] si vous êtes dans une entreprise anglo-saxonne), on le regrette quand même un peu.

Il voudra toujours convaincre qu'il a pris la bonne solution. Mais prend-t-on la « bonne » solution lorsqu'on est méfiant ? Et c'est bien là la difficulté. Il prend en fait souvent des demi-mesures.

Il faut que vous l'aidiez. Que vous l'aidiez à débroussailler, voire déminer le terrain. Simplement comme il ne veut pas vous demander de l'aide – que voulez-vous : il est chef, donc il doit savoir ! – vous devrez prendre l'initiative. Mais faites-le sans vous poser de questions. Une complicité tacite s'instaurera entre vous.

© La définition de fonction est nouvelle, il s'agit d'une création de fonction. Le nouveau venu va se centrer sur certains objectifs qui lui ont été fixés. Dès lors, il va oublier les fonctions situées à la périphérie et laisser des zones d'ombre, c'est-à-dire des dossiers, des missions qu'il ne réalisera pas.

---

1. Si nous disons « filer à l'anglaise », nos voisins d'outre-Manche disent *to take a french leave* ou « filer à la française ».

© Éditions d'Organisation

Ne vous en formalisez pas ! Vous êtes complémentaires. Il défriche et vous, vous agissez. Occupez-vous de ces dossiers annexes, de ces zones aux frontières de deux départements. Mais faites-le aussi savoir. Faites connaître votre action par des *reportings* simples et profitez de cette part de délégation au départ involontaire et qui par la suite vous sera dédiée.

Comment se transforme-t-on en débroussailleur de fausses décisions ?

✓ En rappelant tout d'abord que tel problème a déjà été rencontré et qu'il a été réglé de telle façon. Ou encore en précisant que Jacques est lui-même en charge du dossier et qu'il piétine depuis trois mois ; que le comité de direction, à chaque fin de mois, se consacre plus particulièrement aux résultats commerciaux.

✓ Bref, ne réinventez pas le post-it, ne cherchez pas à solutionner cet axiome qui veut qu'un directeur financier ne puisse commencer une intervention qu'en soulignant la dégradation des comptes et la nécessité de réduire les coûts, et n'omettez pas d'expliquer les rituels d'un comité de direction.

© Éditions d'Organisation

Chapitre 2

Du management au manager

Surtout ne lisez pas les derniers ouvrages parus sur le sujet. D'abord parce qu'il y en a trop. Ensuite parce que la mode est désormais à la vivisection du manager et que vous pourriez être tenté de regarder la prochaine réunion du management comme une galerie du muséum d'histoire naturelle. Enfin et surtout, parce que c'est beaucoup moins compliqué que cela en a l'air.

La littérature autour du management

Voici en effet un mot au destin singulier. Issu du vieux français, il a été exporté aux États-Unis d'où il nous est revenu chargé de sens dans les années soixante-dix.

En donner une définition n'est pas chose aisée tant ce terme est usé à force d'avoir servi. Sa portée est d'ailleurs différente selon que l'on se place du point de vue du manager de proximité – et, sous cet angle, les qualités personnelles semblent l'emporter sur des verbes tels que « décider », « organiser » – ou du dirigeant d'entreprise.

Retenons la définition qu'en donne Jean-Michel Saussois[1]. Le management est alors décrit comme une formalisation de pratiques sous forme d'énoncés pragmatiques. Soit ces pratiques s'inscrivent dans la lignée de théories du management (Fayol, Chrys Argyris ou, plus près de nous, l'*economic added value),* soit elles prennent du sens à la lumière des problèmes qui se posent concrètement à l'entreprise au fur et à mesure de sa transformation. N'attendez plus de théories transcendant les siècles. Manager, c'est décider. Et cette décision se fait dans un contexte donné. Adaptée aujourd'hui, elle produit de la performance. Mais, demain, le contexte aura peut-être changé et cette même décision peut devenir une bourde monumentale.

---

1. Interview de Jean-Michel Saussois dans la revue *Sciences Humaines*, hors-série n° 20, mars/avril 1998.

© Éditions d'Organisation

Faisons ensuite table rase des théories du management. Comme le souligne Michel Crozier[1], nous assistons depuis la seconde partie du XXe siècle à un déclin des théories managériales sophistiquées. La capacité conceptuelle des universitaires et consultants est toujours forte, mais elle vise à s'insérer plus immédiatement dans l'action. Le succès du *Prix de l'excellence* marque à cet égard une rupture. Écrit par deux consultants qui enseignaient à la Harvard Business School, ce livre, note Michel Crozier, n'est pas particulièrement... excellent. Il arrive simplement au bon moment.

Ne pensez pas que Pierre M., Patricia S. ou Olivier T. lisent désormais les œuvres complètes de A. Chandler, E.W. Mayo ou P.F. Drucker[2]. Ils préfèrent des chroniques relatant une expérience managériale. Ce sont désormais des ouvrages comme celui de Louis Gerstner qui seront plébiscités. Ancien président d'IBM, celui-ci publia en 2002 *Who says elephant can't dance ?* – traduit en français sous le titre *Comment j'ai fait danser un éléphant*[3]. L. Gerstner n'est pas un gourou du management ou un visionnaire. Il explique simplement un modèle d'organisation et d'animation d'équipes de direction dans un contexte donné : celui d'une crise structurelle vécue par le géant américain de l'informatique. Un modèle qui n'est pas transposable, correspondant simplement à une phase de la vie du groupe

---

1. Michel Crozier est l'auteur, avec Erhard Friedberg, d'ouvrages en sociologie des organisations parmi lesquels *L'acteur et le système*, Le Seuil, 1977.
2. Peter Drucker (né en 1904) a publié plus d'une trentaine d'ouvrages dont *La pratique de la direction des entreprises*. On lui doit des principes aujourd'hui très déformés, repensés par tout un chacun, comme le « principe d'incompétence de Peter ». A. Chandler (né en 1918) a écrit, entre autres ouvrages, *The Visible Hand : The Managerial Revolution in American Business*. E.W. Mayo s'intéresse quant à lui, dans les années trente, aux comportements humains dans les sociétés industrielles. Il publie, entre autres, *The Human Problems of an Industrial Civilisation* et *The Social Problems*.
3. L. Gerstner, *Comment j'ai fait danser un éléphant*, Village mondial, 2002.

IBM. Dix ans avant ou dix ans après, ce modèle pouvait ou pourrait s'avérer un échec.

Ce sont là les courants de pensée qui influencent les décideurs. Ce sont ces articles – par ailleurs désormais aisément accessibles – que vous devez lire si vous vous intéressez à ces courants de pensée, si vous souhaitez comprendre les revirements de modes d'organisation.

Ayez un temps d'avance ! Comprenez que les organisations changent, évoluent, connaissent des crises et que donc les modes de management et les managers qui les portent doivent soit s'adapter, soit céder le pas devant une nouvelle génération.

Nissan de Carlos Goshn illustre cette mutation. Carlos Goshn, alors numéro deux de Renault, fut placé à la tête du constructeur japonais d'automobiles. Le groupe connaissait alors une profonde crise, l'endettement était colossal. Carlos Goshn arriva avec une équipe réduite de managers réputés être des *cost killers* (des tueurs de coûts). Cinq ans après, Nissan affiche une santé insolente, a une rentabilité supérieure à sa maison mère Renault. Mais, surtout, le management auprès de Carlos Goshn change. La génération des *cost killers* est dépassée et on leur préfère des managers qui vont ancrer la rentabilité du groupe dans la durée.

Gare au manager du second ou troisième cercle qui, ne comprenant pas qu'un mode managérial a vécu, persiste à vouloir le dupliquer. Pour reprendre l'expression de Jean-Michel Saussois, le management n'existe que dans une perspective historique des difficultés rencontrées par une organisation.

La fonction de manager

Distinguons d'abord le manager du fait de « manager », au sens de gérer. Le manager est en fait une fonction au sein de l'entreprise. Le management est un ensemble de pratiques.

© Éditions d'Organisation

Comme le manager est une fonction, il n'y a pas *un* manager mais plusieurs sortes de managers. Benoît Dragon et Bruno Philippe, deux consultants du cabinet de conseil en organisation ALGOE[1], proposent ainsi une typologie simplifiée des managers en distinguant :

• les managers de proximité,

• les managers de managers,

• les managers de dirigeants.

Et, face à eux, intervenant dans une logique transversale :

• les managers de projet,

• les managers de processus ou expert,

• les managers de réseau.

Les managers de projet, de processus (juriste, ressources humaines...), de réseau n'encadrent pas d'équipes mais animent soit des fonctions transversales ayant vocation à servir d'autres services et directions, soit des projets dont la spécificité est d'être temporaire. Dans ce dernier cas, le manager de projet transférera ensuite son projet à un manager de proximité ou à un manager de manager, selon l'ampleur du chantier.

Le manager de proximité est celui qui est proche des équipes et du terrain, en prise directe avec l'accomplissement des tâches de l'entreprise. Son rôle consiste à prescrire le cadre nécessaire à l'action. Il doit savoir mobiliser des ressources, veiller aux niveaux de compétences, contrôler la qualité... veiller à créer de la valeur.

Le manager de managers est responsable de plusieurs équipes, elles-mêmes managées par des managers de proximité. Sa mission est de planifier, organiser, mais également de déléguer, informer, pour permettre une action efficace. Il est un véritable

---

1. B. Dragon et B. Philippe, revue *Maîtriser*, novembre 2000.

relais. C'est lui qui doit dire ce qui est faisable ou ne l'est pas, qui négocie.

Le manager de dirigeants assume au plus haut degré la responsabilité d'une grande fonction de l'entreprise mais partage aussi avec d'autres managers de dirigeants la responsabilité du pilotage stratégique. Il doit disposer d'une vue panoramique des problèmes. Sa capacité réside dans l'anticipation, la préparation de l'avenir. Il dispose de pouvoirs de décision et d'action mais doit savoir agir en tenant compte de filtres, c'est-à-dire d'intermédiaires qui, eux, agissent sur le terrain.

Acceptons ensuite qu'on ne manage pas une administration comme on manage une entreprise confrontée à une crise, ou encore un Félix Potin.

Enfin, on n'est pas manager comme on entre dans les ordres ou comme on accède à une caste. Certes, les discours et modes de communication des entreprises peuvent faire croire à l'existence d'une catégorie particulière au sein de l'entreprise. Vous rencontrerez ainsi fréquemment des séminaires du management, des notes à diffusion restreinte... mais ces démarches visent à rappeler que le manager a un rôle social et un rôle économique à réaliser. Ce rôle est d'être le garant des valeurs de l'organisation et un promoteur du changement et de la performance. Il ne confère pas un statut ni une autorité.

Petit quiz de management[1]

Et vous, comment réagiriez-vous ?

Voici cinq situations de management d'une équipe. Quelle solution retiendriez-vous et pourquoi ?

1ʳᵉ situation

Comme chaque année, le comité de direction fixe des objectifs de plus en plus élevés pour votre équipe. Certes, celle-ci a su les relever. Mais, cette année, ce fut au prix de bien des sacrifices, et, d'ailleurs, deux de vos meilleurs collaborateurs ont préféré démissionner.

❏ *Réponse 1 : vous vous dites que de toute façon ces objectifs sont imposés. Il sera toujours temps de les contester ou de rechercher une marge de manœuvre en cas de difficultés.*

❏ *Réponse 2 : vous réunissez votre équipe pour la rassurer. Vous précisez que même si on n'atteint pas l'objectif, vous saurez négocier en argumentant sur le manque de moyens ou l'inefficacité de tel et tel département.*

❏ *Réponse 3 : vous vous rapprochez de votre direction et précisez que vous souhaitez revoir les objectifs impartis pour telle et telle raison.*

2ᵉ situation

Vous aviez déjà évoqué avec votre équipe la nécessité de réduire les dépenses dont celles relatives aux frais de mission. Mais voici qu'une note de service de la direction générale vous arrive, imposant une réduction des frais de 30 %. Un montant jamais requis jusqu'alors. Vous savez que cette consigne ne se discute pas et que vous serez évalué sur le résultat. Comment faire ?

❏ *Réponse 1 : vous faites une note de service cosignée par la direction annonçant cet objectif et différentes mesures de*

---

1. Pour chaque situation retenez l'une des 3 réponses. Vous trouverez les réponses à ce questionnaire en fin de volume, page 127.

réduction des coûts. Vous précisez que vous êtes bien sûr disponible pour rencontrer chacun afin de résoudre indivi-duellement les problèmes que cela peut susciter.

❏ *Réponse 2 : vous réunissez votre équipe et présentez les nouvelles règles. Vous dramatisez la situation en rappelant que le département, c'est-à-dire chacun des membres de l'équipe, sera jugé sur la capacité à répondre à l'objectif.*

❏ *Réponse 3 : vous laissez la direction financière diffuser l'information et demeurez prêt à intervenir.*

❏ *Réponse 4 : vous recevez un à un les membres de l'équipe pour expliquer les nouvelles contraintes budgétaires, regar-der les contraintes de chacun et identifier ligne après ligne les dépenses et les frais.*

3ᵉ situation

La direction générale impose une nouvelle organisation de votre département. Vous n'y êtes pas favorable et cela se ressent à votre attitude. Mais l'organisation des services est désormais modifiée et vos équipes vont être éclatées. Vous devez maintenant annoncer cette nouvelle organisation à l'ensemble du département

❏ *Réponse 1 : cette organisation n'est pas la vôtre. Vous demandez à votre propre manager de venir l'expliquer.*

❏ *Réponse 2 : vous présentez cette nouvelle organisation en prenant bien soin de rappeler à votre équipe que cela n'est pas votre choix. Vous leur précisez que toutefois vous demeurez à leur côté.*

❏ *Réponse 3 : bon, c'est vrai ! Vous auriez aimé que l'on vous associe à la réflexion. Mais les organisations ne sont pas immuables. Elles doivent évoluer. Il y a dans le schéma dessiné de nouveaux enjeux à relever. Vous vous attachez à rassurer chacun, faites part de votre confiance dans ces objectifs et valorisez les nouvelles missions.*

4ᵉ situation

Les collaborateurs de votre équipe se voient investis d'une nouvelle mission. Mais vous n'êtes pas sûr que tous sauront les maîtriser, soit parce qu'ils sont jeunes dans le départe-

© Éditions d'Organisation

ment, soit parce qu'ils ont déjà par le passé eu des difficultés à atteindre les objectifs que vous leur fixiez.

❑ *Réponse 1 : vous réunissez l'ensemble de l'équipe, présentez les nouveaux objectifs. Vous prenez un ton volontairement mobilisateur et insistez sur votre confiance envers chacun d'eux. Vous leur rappelez enfin que vous êtes à leur disposition s'ils rencontraient une difficulté.*

❑ *Réponse 2 : vous choisissez d'être très présent auprès de chacun et imposez un reporting chaque fin de semaine.*

❑ *Réponse 3 : vous indiquez à chacun ses objectifs et définissez lors d'un entretien individuel la démarche à suivre, les étapes à respecter, les moyens à mobiliser.*

❑ *Réponse 4 : vous attendez de voir comment chacun agit et, en fonction des résultats obtenus à la fin du 1ᵉʳ trimestre, vous choisissez d'intervenir en soutien de l'un ou l'autre.*

5ᵉ situation

Il y a, dans votre équipe, un vétéran. Il était déjà en fonction alors que vous ne soupçonniez pas l'existence de l'entreprise. Il a eu ses heures de gloire. Mais, autodidacte, il a vu ses perspectives de promotion s'éloigner chaque année. Il est compétent mais démotivé. Un brin cynique parfois. Il gère son pré carré et devient progressivement sourd aux objectifs fixés. Comment le gérer ?

❑ *Réponse 1 : il partira à la retraite dans trois ans. Vous vous dites que cela arrivera bien vite et que de cette façon le problème sera réglé.*

❑ *Réponse 2 : vous ne vous laissez pas démonter. Votre crédibilité est en cause et vous décidez que ce sera vous ou lui. Vous décortiquez ses résultats et les comparez avec ses objectifs. Vous lui notifiez par écrit ses nouveaux objectifs et soulignez les performances non atteintes.*

❑ *Réponse 3 : vous préférez jouer « à l'affectif ». C'est un senior. Il saura apporter son expérience aux « juniors » et leur apprendre à déjouer certains pièges. Vous le sollicitez pour parrainer de jeunes collaborateurs et vous lui proposez de s'investir en qualité de chef de projet.*

Chapitre 3

Comment décoder le comportement de votre chef

Vous voici maintenant vivant au quotidien avec ce manager. Il vous surprend toujours par certains comportements. Oh, bien sûr vous n'attendez pas de sa part une rationalité à toute épreuve ! Ou encore une justesse dans les évaluations et un comportement calquant les principes énoncés dans des ouvrages à succès.

Mais quand même ! Certaines attitudes, des oublis à répétition, des hésitations qui semblent non fondées, des demandes qu'il estime non satisfaites alors que de votre point de vue, vous avez apporté une réponse... vous étonnent, vous agacent ou tout du moins perturbent votre travail.

Peut-on alors décoder son comportement ? Existe-t-il une grille de lecture ? Voici quelques éclairages.

Est-il polychrone ou monochrone ?

Poly-chrone : de Chronos, le dieu du temps et père des dieux dans la mythologie grecque. Mais Chronos mangeait ses enfants et parfois votre manager ressemble à un chronophage : un mangeur de temps. De votre temps !

L'intérêt de cette analyse est de qualifier son rapport au temps. Il est surtout de mettre en évidence des modes de fonctionnement entre vous. Modes qui peuvent être complémentaires, et, dans ce cas, quelle formidable complicité ! Ou au contraire opposés, et cela peut rapidement devenir un calvaire.

Mais regardons d'abord qui peut-il être.

◉ Polychrone, le voici faisant plusieurs choses à la fois. C'est François : il commence un travail, ne le termine pas. S'investit déjà dans un second dossier, puis un troisième, avant de revenir au premier. Bien sûr, vous-même êtes à la peine car vous travaillez toujours sur le premier, convaincu qu'il faut le terminer avant de débuter le second. S'il fait un exposé ou s'il prépare des supports destinés à une rétro-projection, ceux-ci seront trop chargés. Il voudra mettre trop d'idées sur ce petit rectangle ne pouvant en police de caractère 24, accueillir que trois phrases clefs. Au tableau, François commence à un bout, continue au milieu, découvre sur la droite un espace sur lequel il n'a pas encore écrit... Et bien sûr, à la fin de l'exposé personne ne s'y retrouve. Gare alors à celui qui devra faire le compte rendu sur la base de ses écrits. Il se lance dans une épreuve que même Champollion aurait refusée. Le voici prenant la parole. Il aime l'anecdote, « ouvre » des parenthèses, qu'il referme lorsqu'il y pense. Puis reprend le fil conducteur, se souvient d'un point qu'il devait préciser. François a de la verve. C'est là, une de ses qualités. Mais qu'a-t-il voulu dire ? On ne le sait pas toujours très bien. Organisé à sa manière, il ne classe pas ou, plus exactement, il dispose d'un plan de classement secret dont lui seul a la clef. Oh ! Il saura retrouver en un temps record une paire de ciseaux ou un dossier important. Quant à vous, vous y aviez renoncé depuis longtemps. Grand consommateur de post-it, d'annotations sur son agenda, il se piège lui-même en organisant deux ou trois rendez-vous en même temps. Le voici gêné, ne sachant plus comment se dépêtrer d'un visiteur qu'il n'attendait pas et sollicitant tel un enfant pris en faute ou d'un aplomb superbe votre aide pour un « petit » mensonge.

⑥ Monochrone, elle est bien sûr son inverse. Appelons-la Laurence. Laurence ne conçoit pas de commencer un dossier si le premier n'est pas terminé. Cela prend du temps, beaucoup de temps et qu'importe que vous deviez de votre côté terminer un compte rendu, compléter trois tableaux de bord et préparer une réunion. Elle attend de vous que vous l'aidiez à clore ce dossier. Prenant la parole, son exposé est linéaire. On sait déjà au début de sa prise de parole qu'elle sera la conclusion. Monochrone vous-même, vous appréciez cette clarté. Polychrone, vous vous dandinez sur votre chaise et n'avez qu'une envie : celle de discuter avec votre voisin de table. Laurence range ses dossiers, ses affaires. Son bureau est d'une propreté et d'un rangement maniaque diront certains – mais ce sont des polychrones –, précis et ordonné renchériront les autres. Mais ce sont des monochrones. La présentation de ses dossiers ou rapports est sobre. Parfois trop, d'ailleurs, et quelques exemples, quelques illustrations pourraient les rendre plus pertinents.

Qu'il soit l'un ou l'autre ne caractérise pas l'intelligence ou la capacité à agir de votre manager. Le problème est plutôt dans sa relation à son équipe.

Imaginez un polychrone avec une équipe de monochrones. Lui se plaindra d'un manque de « pro-activité », un terme qu'il affectionne. Elle ? Elle tentera de le neutraliser en s'impliquant dans une tâche et en opposant systématiquement une attitude affairée dès qu'il apparaît. Lui inventera des réunions improvisées dont il sera le seul à ressentir l'intime priorité. Elle, elle s'organisera pour ne déléguer que quelques membres, les autres étant retenus « à des rendez-vous et réunions dont il avait connaissance », précisent-ils en chœur.

À l'inverse, s'il est monochrone et son équipe résolument polychrone, le voici souffrant le martyr dès qu'il entre dans les bureaux de ses collaborateurs, levant les yeux au ciel devant ce qu'il juge être du désordre. Il se félicite certes d'une réactivité. Ce point d'ailleurs le surprend toujours. Mais ne concevant pas que l'on puisse travailler sur des dossiers différents, il s'oblige à contrôler le travail fait, à relire ou poser trois fois la même question, introduisant ce sentiment de méfiance peu agréable pour une équipe.

Le mal, rassurons-nous, n'est pas incurable. Il suffit simplement de prendre conscience de son mode d'organisation et de son rapport au temps pour s'adapter à celui de l'autre.

© Éditions d'Organisation

Questionnaire[1]

Êtes-vous monochrone ou polychrone ?

Ce questionnaire présente douze situations. Vous trouverez, pour chacune d'elles, deux options. Choisissez celle qui correspond à ce que vous faites habituellement.

Mais attention ! Distinguez bien entre CE QUE VOUS FAITES et ce que VOUS AIMEZ ou PENSEZ. Et ne retenez que la première proposition.

Ainsi, par exemple, vous pouvez estimer qu'une file d'attente sans ordre strict ne vous dérange pas, mais en réalité vous fulminez dès qu'une personne tend à vouloir vous dépasser dans cette file. Dans une telle hypothèse bien sûr, vous retiendrez alors la seconde proposition.

1. A	Aux rendez-vous, je suis ponctuel et j'aime qu'on le soit.	B Être à l'heure ne doit pas être une obsession. On peut se permettre une marge de liberté d'environ une dizaine ou une quinzaine de minutes. J'accepte d'ailleurs facilement qu'une personne puisse arriver en retard.
2. A	Quand quelqu'un a des problèmes personnels sérieux, il est important qu'il puisse les évoquer dans le cadre professionnel. Cela peut permettre de débloquer une situation.	B Il faut éviter dans le cadre du travail de se mêler ou intervenir dans la vie privée des autres.
3. A	Faire des projets personnels à long terme est sans intérêt. C'est difficilement réaliste. Tellement de choses peuvent arriver ...	B Il faut avoir des objectifs dans la vie et des projets à long terme car ils permettent de concrétiser ce que l'on veut et où l'on veut aller.
4. A	Dans une file d'attente, j'aime bien l'ordre. Chacun son tour.	B Un attroupement sans ordre strict ne me gêne pas. Cela ressemble à la vie.

1. Vous trouverez les réponses à ce questionnaire en fin de volume, page 131.

5.	A	J'aime être engagé dans plusieurs situations ou événements à la fois. J'aime mener plusieurs dossiers de front.	B Chaque chose à son heure. Je ne fais qu'une seule chose à la fois et ce dans un souci d'efficacité.
6.	A	J'aime bien fixer un délai aux tâches importantes. Tenir ses engagements, avoir de la méthode ... cela est très important.	B Il y a trop d'impondérables. Il faut savoir faire face à tout imprévu. Aussi, j'évite de m'imposer une méthode de travail trop stricte. Une part de création, de liberté est nécessaire.
7.	A	Être à plusieurs dans un même lieu permet d'échanger et d'avoir une vie de groupe. Il s'agit d'une méthode de travail efficace et que je recherche.	B Tout compte fait, je préfère le travail bien compartimenté. Chacun travail d'abord de son côté puis on se réunit. Je n'aime d'ailleurs pas déranger et interrompre le travail des autres. Comme, d'ailleurs, je n'apprécie pas du tout d'être interrompu.
8.	A	Je laisse se prolonger une discussion si cela me plaît. Même s'il y a des choses à faire ailleurs. Je ne vais pas interrompre un entretien agréable pour respecter un horaire défini.	B Une fois que l'essentiel est dit, il faut respecter l'horaire établi et passer à la personne ou à la tâche suivante. On n'a pas le droit d'empiéter sur le temps des autres.
9.	A	Un plan, une fois établi doit être fermement suivi.	B Il faut s'adapter et accepter toute modification se présentant. Même ceux intervenant à la dernière minute.
10.	A	Je ne range jamais immédiatement les dossiers ou travaux que je suis en train de réaliser. Mon bureau est ainsi souvent encombré de documents.	B Je suis relativement mal à l'aise lorsque je pénètre dans un bureau où traînent des dossiers et documents épars.
11.	A	J'aime la vie de village. Tout le monde se connaît, dialogue. Je souhaiterai d'ailleurs y habiter.	B Je trouve un certain charme aux grandes villes. Elles semblent impersonnelles, mais il y a en réalité tellement de chose à voir, à vivre.
12.	A	Lorsque je présente un exposé, une conférence à un public restreint, je me surprends souvent à « sauter du coq à l'âne » dans mes propos. Je reviens en arrière, me souviens d'une chose à dire et l'explique alors.	B J'apprécie les exposés bien structurés, aux plans rigoureux que l'on peut entendre. Je suis au contraire excédé dès qu'un orateur ou interlocuteur utilise trop d'exemples ou prétend revenir sur un thème abordé.

© Éditions d'Organisation

Ces messages qui vous perturbent mais ne sont qu'un ressenti

Rappelez-vous ! Vous passiez votre premier entretien de recrutement. Il vous a accueilli. Cordial mais sans plus. Très vite, ses questions se sont faites plus précises. Vous cherchiez à le convaincre mais lui commençait à jouer avec un stylo, comme agacé. Ses questions semblaient plus pressantes : pourquoi ce choix d'étude ? Qu'avez-vous retiré de cette expérience ? Justement vous n'aviez rien retiré car pour vous elle était secondaire. Vous ne vous attendiez donc pas à cette question. Dix ans après, vous connaissez toutes les ficelles du recrutement. Vous savez que les questions posées sont souvent les mêmes. Vous vous surprenez même à jouer avec un stylo.

Mais ce jour-là, il vous a particulièrement déstabilisé. Convaincu que vous n'alliez pas à l'essentiel, vous avez oublié la chronologie de vos expériences, mélangeant des données, omis des détails importants. Bref ! Vous ne participiez plus à un entretien de recrutement. Vous tentiez de répondre à des messages que vous pensiez exprimés par votre interlocuteur.

Nous avons tous dans notre entourage une personne au visage avenant. Une personne à laquelle spontanément nous avons envie de parler, voire auprès de qui nous laisser aller à des confidences. Nous connaissons tous un « pince-sans-rire » qui pourtant s'avère dès qu'on le connaît un formidable boute-en-train. Bref, il y a d'une part une apparence, le sens que nous créons d'après une impression ou une gestuelle… Et, d'autre part, la réalité parfois cachée sous cette apparence. D'ailleurs nous-même, ne sommes-nous pas susceptibles par une gestuelle, un regard, une attitude d'engendrer de telles équivoques ?

L'analyse transactionnelle décrite par Eric Berne[1], retient plus particulièrement cinq « messages négatifs » susceptibles de perturber la communication entre les personnes, identifiables par des comportements et des attitudes :

- « Sois parfait » ;
- « Fais un effort » ;
- « Sois fort » ;
- « Fais plaisir » ;
- « Dépêche-toi ».

◎ Si votre manager exprime le message « sois fort » : il donne l'impression que toute émotion exprimée, toute confidence serait jugée comme une faiblesse. Il suscite aussi le sentiment qu'il refuse d'aider dans une démarche, d'accompagner dans une tentative. Seul importerait alors le résultat.

◎ Si votre manager exprime le message « dépêche-toi » : il semble manifester de l'impatience. Vous parlez ? Le voici tripotant nerveusement son stylo ou remuant la jambe. À cet instant, vous l'auriez volontiers … Mais c'est le chef et vous ne pouvez qu'avoir une pensée furtive. Cette gestuelle signifie pour vous : dépêche-toi, va à l'essentiel ! Il vous coupe la parole, son regard se fait insistant. Votre conviction est alors faite : vous êtes hors sujet ou encore vous le dérangez. Mais ce n'est pas lui. Ce n'est pas ce qu'il voulait signifier. Ce geste, cette manie d'utiliser un stylo peut en réalité tout signifier : un inconfort, une envie pressante d'aller aux toilettes… Que sais-je ? Mais vous, vous avez créé un sens et tenté d'adapter votre comportement à ce sens.

---

1. Eric Berne est l'auteur de plusieurs ouvrages sur l'analyse transactionnelle. À lire entre autres ouvrages : *Analyse transactionnelle et psychothérapie*, Payot ; *Que dites-vous après avoir dit bonjour ?* Sand & Tchou.

Messages	Expression faciale	Gestuelle	Ton de voix	Comportement
Dépêche-toi	Regard vif, se retient de parler, ouvre et ferme la bouche, légères rides (front).	Pianote avec les doigts, arpente la pièce, remue légèrement les pieds, remue un stylo tenu entre les doigts.	Rapide, phrases courtes, ton montant et descendant.	S'agite puis reprend le contrôle de soi, recommence à s'agiter. Prête attention, puis semble déçu.
Sois fort	Visage impassible, regard dur, absence d'impression, froid, humour teinté de dérision.	Bras ou jambes croisés, debout et les mains dans les poches.	Ton monocorde, voix grave, peu de prosodie.	Semble cacher une timidité, paraît juger défavorablement l'expression d'une émotion.
Sois parfait	Sévère, sérieux, regard fixe le front légèrement incliné vers l'avant, lèvres pincées.	Pointe l'index, main soutenant la tête, mains frottant le menton après une question.	Ton de voix recherché, pincé, affectation.	Donne le sentiment de se contrôler ou encore de s'interdire toute émotion, semble prendre une distance avec l'événement.
Fais plaisir	Hochement de tête, sourire franc, haussement de sourcils, rides à hauteur des yeux.	Paumes de la main vers le haut, bras ouverts, mains posées sur les bras du locuteur.	Voix douce, séductrice ou plaintive, voix accompagnée d'une mimique ponctuant le propos.	Semble attendre mais sans impatience, paraît accorder une grande importance à son interlocuteur.
Fais un effort	Perplexe, front soucieux, légère inquiétude dans le regard. Semble se mordre les lèvres.	Décousue, les mains accompagnent les propos, position du corps très en avant, poings crispés.	Ton impatient, bref, forcé, haché.	Semble accuser ou blâmer, exprime un jugement proche d'une valeur morale.

◎ Si votre manager exprime le message « sois parfait » : peut-être le message le plus dur à vivre ! Que ce soit vous ou votre supérieur hiérarchique qui l'exprimiez, votre interlocuteur a alors le sentiment que la moindre faute de sa part (du moins, ce qu'il pense être une « faute » : erreur de jugement, mauvaise construction de phrase s'il prend la parole, erreur de goût…) sera jugée comme irrémédiable et qu'il perdra toute crédibilité. Il a ce sentiment d'être sur une corde raide. Et parce qu'il vit en permanence sur le qui-vive, il ne peut que devenir maladroit.

◎ Si votre manager exprime le message « fais plaisir » : que d'équivoque fait-il naître ! Oublions un instant le monde de l'entreprise. Revenons à cette personne qui par son visage, un sourire semblait vous inviter à lui parler. Vous ne sauriez pas réellement définir le pourquoi de cette envie. Peut-être ces petits plis au coin des yeux, l'attention d'un regard… Vous avez parlé à cet inconnu et vous vous êtes surpris à vous confier. Lui ou elle, un peu surpris de votre spontanéité a répondu à votre demande : celle d'une écoute. Lorsque nous émettons un message « fais plaisir », nous donnons le sentiment d'une disponibilité, voire d'une attente, alors qu'il peut n'en être rien.

◎ Si votre manager exprime le message « fais un effort » : notre interlocuteur se convainc peu à peu que nous ne sommes pas satisfaits de ses propos ou de ses actes et que nous attendons un peu plus de lui. Ses arguments, explications, analyses … ne seraient pas à nos yeux suffisants. Bien sûr, ces messages ne sont qu'une impression : la vôtre ! Ils ne sont qu'un ressenti, mais vont peu à peu perturber la relation. Celui qui les ressent va tenter d'apporter une réponse adaptée et celui qui les émet va s'étonner d'un comportement qu'il ne comprend pas.

© Éditions d'Organisation

Questionnaire[1]

Comprendre les messages négatifs qu'il ou elle peut exprimer

Vous trouverez une liste de 50 questions. Chacune présente soit une situation, soit une affirmation. Cerclez pour chacune d'elles la réponse qui paraît correspondre le mieux à votre manager selon le barème :

0 = ce n'est jamais lui,

1 = c'est peut-être lui,

2 = c'est quelquefois lui,

3 = c'est souvent lui,

4 = c'est toujours lui.

Vous pouvez d'ailleurs ensuite appliquer ce test pour vous-même.

NB : ce test n'est ni un « test d'intelligence », ni une investigation de personnalité. Il n'a d'autre but que de vous permettre de mieux le connaître.

J'ai toujours l'impression qu'il se bat contre la montre.	0	1	2	3	4
Il pense que l'effort est plus important que le résultat.	0	1	2	3	4
Il pense que dans la vie on doit se débrouiller seul.	0	1	2	3	4
Pour commencer une tâche, il lui faut toutes les informations.	0	1	2	3	4
Il est important que les autres soient bien disposés à son égard.	0	1	2	3	4
Le stress le dope.	0	1	2	3	4
Il a souvent peur de ne pas être à la hauteur.	0	1	2	3	4
Il est très exigeant envers lui-même et envers les autres.	0	1	2	3	4
Il pense que pour que l'on soit satisfait de lui, il doit exceller.	0	1	2	3	4
Pour être aimé(e) il rend service plus que de moyenne.	0	1	2	3	4
Il ne peut (ou ne parvient pas à) déléguer car les autres sont à son avis trop lents.	0	1	2	3	4
Il doit dépenser beaucoup d'énergie et parfois se forcer pour faire un travail et le terminer.	0	1	2	3	4
Il n'exprime pas facilement ses émotions.	0	1	2	3	4

---

1. Vous trouverez les réponses à ce questionnaire en fin de volume, page 129.

Pour être efficace, son travail doit être parfait.	0	1	2	3	4
Pour son entreprise il estime devoir être disponible même chez lui.	0	1	2	3	4
Il parle vite.	0	1	2	3	4
Il n'aime pas réellement exprimer ses sentiments. En effet, en pareil cas, il éprouve ensuite un sentiment de remords ou encore a l'impression d'exploser en son for intérieur.	0	1	2	3	4
Il aime accomplir des actions humanitaires ou caritatives. Il participe d'ailleurs fréquemment à certaines.	0	1	2	3	4
Les faits, les chiffres, la logique : voilà ce qui est essentiel !	0	1	2	3	4
Il pense qu'il faut dire aux gens ce qu'ils ont envie d'entendre . Cela est nécessaire pour vivre en harmonie.	0	1	2	3	4
Il a souvent tendance à interrompre ses interlocuteurs pour finir les phrases à leur place.	0	1	2	3	4
Il éprouve la nécessité de s'intéresser à certains épisodes de la vie affective de personnes qui lui sont proches. Surtout si ces dernières semblent désemparées. Il pense qu'il faut savoir écouter, voire même intervenir.	0	1	2	3	4
L'échange intellectuel (la discussion, l'argumentation...) est le domaine dans lequel il est le plus à l'aise.	0	1	2	3	4
L'exactitude à tout prix, voilà la condition de son efficacité. De ce fait, il s'oblige à être toujours à l'heure.	0	1	2	3	4
Il aime savoir qu'un collègue ou un proche a besoin de lui.	0	1	2	3	4
Il dit souvent : « pressons... », « oui, oui... », « et alors... ? » Il marque souvent son impatience.	0	1	2	3	4
Les autres disent de lui qu'il se plaint souvent.	0	1	2	3	4
Il aime ce qui fait appel à la logique.	0	1	2	3	4
Il donne l'impression à une personne qu'il rencontre, sans nécessairement le faire exprès, qu'il sait tout ou prétend tout savoir.	0	1	2	3	4
Il faut savoir « se mettre en quatre » (faire le maximum d'effort pour des causes ou des proches) pense-t-il parfois.	0	1	2	3	4
Il a coutume de faire les « cent pas » lorsqu'il réfléchit ou attend quelque chose.	0	1	2	3	4
Les gens viennent vers lui sans qu'il le leur demande.	0	1	2	3	4
Il a du mal à faire confiance, à se laisser aller spontanément à des confidences (ou à accepter que d'autres en fassent).	0	1	2	3	4
Pour lui, une objection peut être le signe de son incompétence. Aussi, s'oblige-t-il à tout réussir pour ne pas être critiqué. Il avoue qu'une telle critique peut le blesser.	0	1	2	3	4
Il aime aider les autres.	0	1	2	3	4
Il tapote souvent avec ses doigts ou remue ses pieds.	0	1	2	3	4

© Éditions d'Organisation

Il crée souvent des situations confuses dans lesquelles il devient alors impuissant ou se laisse surprendre par des événements imprévus.	o	1	2	3	4
La manière dont les autres le jugent sur ce qu'il fait lui importe beaucoup.	o	1	2	3	4
Il est souvent convaincu, dans des matières ou disciplines dans lesquelles il obtient de bons résultats, qu'il est le meilleur. De ce fait, il sous-estime souvent les autres.	o	1	2	3	4
Il ne sait pas dire « non ».	o	1	2	3	4
Il va trop vite, ce qui lui fait faire des fautes d'inattention.	o	1	2	3	4
Que d'efforts pour répondre à toutes ces questions ! penserait-il s'il devait faire ce test.	o	1	2	3	4
S'il exprime des émotions, des sentiments personnels, il a l'impression de se mettre à nu. Il se sent alors fragile et très mal à l'aise.	o	1	2	3	4
Tant qu'une tâche n'est pas réalisée comme il l'imaginait, il recommence.	o	1	2	3	4
Il aime jouer le rôle de confident.	o	1	2	3	4
Il ne peut rester inactif et au besoin fait plusieurs choses à la fois.	o	1	2	3	4
On l'imagine volontiers rappelant : « Ma mère (mon père) me disait souvent : "avec un petit peu plus d'efforts..." »	o	1	2	3	4
Dans un travail à plusieurs, il est indispensable de respecter un TIMING (un échéancier précis).	o	1	2	3	4
Il attend de ses collaborateurs qu'ils fassent exactement ce qu'il leur dit. S'il délègue une responsabilité, il se surprend à exiger une façon de faire identique à la sienne.	o	1	2	3	4
En répondant à ce questionnaire, il se demanderait si sa façon de répondre est bien celle qu'on lui demande.	o	1	2	3	4

Pouvoir, leadership, autorité ou puissance

S'il n'y avait qu'un seul mot à retenir, ce serait celui d'autorité. L'autorité repose sur la légitimité du manager, là où la puissance, le leadership ou le pouvoir empruntent à une relation d'influence et de rapports de forces. Commençons par décoder ces quatre concepts.

⑨ Le pouvoir tout d'abord. Il se définit par la capacité à obtenir quelque chose de quelqu'un en exerçant une contrainte ou une pression. Le problème du pouvoir est qu'il est efficace quelque temps, puis s'émousse vite. Il appelle en effet systématiquement la naissance d'un contre-pouvoir. Le CRS appelle le manifestant à moins que ce ne soit l'inverse. Le « petit chef » qui n'existe que par le pouvoir de sanction qu'il exerce verra vite se constituer contre lui un collectif qui lui opposera un contre-pouvoir : rétention d'informations ou fausse soumission.

La source du pouvoir repose ainsi sur l'existence d'un moyen de pression sur les autres. Il peut être la sanction, la détention d'information, la capacité d'entremise (mettre en contact avec quelqu'un), le budget (les cordons de la bourse), le savoir et donc le jargon que l'on développe pour éviter que des connaissances soient accessibles au plus grand nombre. Vous pouvez vous-même être détenteur d'un pouvoir sans le savoir en étant, par exemple, assimilé à l'œil ou l'oreille du chef.

Que faire s'il a recours au pouvoir ?

✓ Il s'agit pour vous d'une situation pour le moins inconfortable car tous attendent que vous preniez partie soit pour lui soit pour les contre-pouvoirs qui vont s'exercer. Or c'est l'erreur à ne pas commettre !

✓ Soyez fidèle à votre manager car sinon l'exercice de ce pouvoir se retournera contre vous. Mais, dans un même temps, sachez activer vos réseaux pour établir des passerelles. Elles seront autant de liens alternatifs que vous constituerez pour contourner des points de blocage et vous préserver.

⊚ Le leadership. Issu d'une abondante littérature anglo-saxonne, ce concept a traversé l'Atlantique auréolé des intentions les plus ambitieuses. Le manager leader serait celui qui sait mobiliser une équipe, des clients internes ou externes. Il transformerait tout obstacle en opportunité, tout problème en solution. Il positive et, tel un conquérant... Arrêtons vite ! Et pourtant cette forme de littérature se retrouve dans de nombreux articles de revues grand public, dans les catalogues de formation de grandes écoles ou d'organismes de formation ayant pignon sur rue.

Au risque de vous décevoir, on ne naît pas leader. On le devient ! On le devient parce qu'un groupe de personnes fragilisées vous institue comme tel. Imaginons-nous dans une ville en proie à un séisme. Dix, quinze personnes sont réunies, apeurées, démunies. Soudain, dans l'obscurité, une voix forte et rassurante s'élève. Elle indique une solution et demande qu'on la suive. Cette voix ferme et décidée ne laisse pas place au doute ou à la contestation.

Pour reprendre une expression issue des séminaires de formation sur le leadership : le leadership est situationnel, c'est-à-dire qu'il n'existe que dans un contexte donné.

⊚ La puissance. « La puissance (nf) : ensemble de conduites magiques permettant à une personne d'user d'influence sur une autre ».

Là, vous vous dites que l'entreprise n'a que peu de rapports avec les rituels vaudou ! Et surtout, vous n'avez pas encore vu un directeur financier plumer un poulet en prononçant des incantations alors que les commissaires aux comptes s'apprêtaient à rendre leur rapport annuel. Ne vous y trompez pas cependant. Cette puissance-là est proche du pouvoir à ceci près que l'on accepte de s'y soumettre.

Prenons quelques ingrédients : une figure, une « tête » disent les journalistes. Celle de Joseph Kessel ou d'Hubert Reeves par exemple. Ajoutons des faits qui surprennent. La capacité de Jacques C., pour lui donner un nom, à influencer la direction générale et à toujours disposer avant les autres d'informations stratégiques alors qu'il ne possède pas de titre de fonction le faisant siéger au comité exécutif. Pourtant beaucoup l'écoutent. Vous-même, vous vous laissez impressionner par ses anecdotes et ses conseils savamment distillés. Certains sourient, mais aucun n'oserait aller à son encontre.

⊚ Seule l'autorité est le meilleur atout du manager. Elle repose sur une légitimité et le prestige. Cette légitimité prend elle-même son assise dans une désignation par une autorité elle aussi légitime. On parle d'autorité conférée. C'est ainsi qu'un président de la République rend légitime en le désignant un Premier ministre. C'est ainsi également que dans l'entreprise, une nomination ou une promotion annoncée par un directeur prend plus de poids que si elle est apprise au détour d'un couloir.

L'autorité peut aussi prendre sa source d'un savoir ou d'un passé professionnel. Un manager se doit de justifier, tout en restant humble, les raisons de sa venue : un court curriculum vitae, la présentation de son passé professionnel et de ses succès seront autant d'atouts en sa faveur. Au besoin, n'hésitez pas à appuyer l'arrivée de votre futur responsable en communiquant avec son assentiment un court CV dans les différents services. Préparez avec lui une présentation orale de son parcours professionnel. Parcours qu'il exprimera ensuite lors de réunions.

Un leader véritable

✓ Il apparaît aux yeux de certains comme un véritable leader ? Il s'agit d'une belle opportunité pour vous car elle permettra à l'ensemble de l'équipe de progresser, innover, faire preuve d'initiatives. Rappelez-vous toutefois que le leadership n'existe que si face à votre manager un groupe de personnes est fragilisé. Il peut s'agir de résultats que l'on n'atteint pas, de combattre des peurs telles celles qui suivent des rumeurs de restructuration ou de rapprochement entre deux entreprises.

✓ Soyez attentif à ce qu'il ne s'installe pas dans cette situation, se complaisant alors de cette capacité d'influence, ce leadership pouvant alors évoluer rapidement vers l'exercice d'un pouvoir.

✓ Use-t-il de puissance ? C'est alors un excellent comédien ou un paranoïaque. Mais estimons que statistiquement vous avez une chance sur cent mille de rencontrer ce cas de figure. Si donc il n'est pas paranoïaque, sachez qu'il s'en amuse et en abuse parfois plus par jeu que par volonté d'influence. Soyez un spectateur et appréciez une excellente comédie. Cependant ne pensez pas pouvoir monter à votre tour sur la scène.

Ses légitimités

Pourquoi Jean-Paul est-il aussi obnubilé par les chiffres qui sortent de son département ? Pourquoi vérifie-t-il toutes les données et s'emporte-t-il à la moindre erreur ? Est-il un maniaque ? Souffre-t-il de TOC, ces troubles obsessionnels convulsifs qui auraient alors envahi sans qu'on le sache le monde de l'entreprise et se transformeraient en tocs professionnels.

Que dire de Marc ? Il délègue, pense-t-il. Il se fait même violence pour ne pas intervenir auprès de ses collaborateurs. Mais voilà ! Si vous interviewez ces derniers, ils vous disent qu'ils ne reçoivent pas son appui, qu'ils doivent se débrouiller par eux-mêmes.

Quant à Alain. C'est la hantise de tous les départements de votre entreprise. Au nom de quelques principes connus de lui seul, il est capable de s'opposer et bloquer un processus. Ses arguments sont tour à tour techniques, empruntés à son passé nécessairement impressionnant. Vous apprenez ainsi qu'il est membre actif de telle association professionnelle, côtoie telle et telle personnalité du monde des affaires ou politique... et vous sortez de la réunion persuadé qui si vous bougez une oreille le GIGN associé à la DST interviendra dans la minute.

Jean-Paul, Marc, Alain... mais également vous-même réagissez selon des légitimités, c'est-à-dire un ensemble de représentations du monde professionnel qui ancrent en vous des certitudes. À vos yeux, cela doit fonctionner selon telle logique et cela ne peut pas en être autrement.

Vous appliquez d'ailleurs ces représentations dans votre vie privée et dans les valeurs que vous inculquez à vos enfants ou dans la relation que vous avez avec eux. Pour les uns, la valeur du travail doit être érigée en exemple. Pour les autres, il est essentiel de privilégier l'amitié, l'esprit d'équipe et de savoir donner pour recevoir. Voici deux formes de légitimités.

© Éditions d'Organisation

Luc Boltanski et Laurent Thévenot[1] utilisent à ce propos la métaphore des « cités » déjà développée par des philosophes tels que Hobbes, saint Augustin, Rousseau et Bossuet. Et reconnaissons que cette grille de lecture peut nous permettre de mieux comprendre Alain, Jean-Paul et Marc. Et puis, vous pourrez toujours essayer de les expliquer lors du prochain repas de famille avec belle-maman.

⊚ La cité domestique tout d'abord. Les liens entre les individus sont conçus sur le mode de la parenté. Les valeurs implicites sont celles de la fidélité, de la confiance et du partage, d'une recherche d'une certaine protection. Bref, une version revisitée du paternalisme, direz-vous. Non, pas tout à fait ! Le paternalisme est un mode d'organisation sociale décidé par une direction. Il s'impose dans des règles de fonctionnement et dans l'immixtion dans la sphère privée.

Ici, ce sont les individus qui décident de cette relation, parfois en décalage avec les valeurs de l'entreprise. Vous retrouverez par exemple ces comportements dans de grandes sociétés de conseil où les valeurs de cooptation, de recommandation et de protection par un « senior » priment. Mais aussi là où des rites sociaux tels le bizutage et le parcours initiatique peuvent exister. Et ce, alors que l'entreprise prône quant à elle les valeurs du résultat, de la relation client, de performance...

⊚ La cité civique. Elle est inspirée des écrits de Jean-Jacques Rousseau. L'idée centrale est que les personnes sont liées entre elles par la notion d'intérêt général. Vous avez alors reconnu Alain. Capable de bloquer un processus, il le fait sans malice. Il estime que c'est dans l'intérêt de tous et

---

1. L. Boltanski et L. Thévenot, *De la justification, les économies de la grandeur*, Gallimard.

surtout de l'entreprise d'agir ainsi. Et le pire est qu'il est de bonne foi. Difficile alors de le contrer.

Ne cherchez pas à lui imposer une décision ! Certes il s'y pliera, mais allumera tellement de contre-feux qu'il réussira à en ébranler plus d'un. Non ! Placez-vous au niveau de sa réflexion. Raisonnez sur l'intérêt collectif. Mettez en avant des paradoxes, donnez deux ou trois exemples prouvant que l'ajustement demandé produira l'effet que lui-même recherchait.

⑥ La cité industrielle. Si vous voulez briller en société, citez alors les écrits de Saint-Simon. Ces références sont présentes dans les discours actuels de grands patrons ou dans les écrits de gourous du management. Ses valeurs principales sont le savoir-faire – parlez aussi de *knowledge management*, cela impressionne ! –, la compétence, la fiabilité des processus, les démarches de progrès continu... Les choses doivent être organisées, mesurables et repérables. Et ce discours est très séduisant. Il évoque l'efficacité, la fin des procédures répétées trois fois, le rejet des décisions taillées à la hache.

Simplement, vous allez vous apercevoir que vous entrez dans un monde de *reporting*, de maîtrise maniaque des coûts et des temps. Vous allez comprendre que tout est « création ou destruction de valeur ». Les permanences téléphoniques ? Elles redonnent du temps au client ! Ce qui n'est pas faux bien sûr, mais vous contraint désormais à être là à 8 h 00 le matin et à vous organiser avec des collègues pour que la pause de midi ne dure que 30 minutes. La place des ajustements informels, de l'autonomie et de la souplesse se réduit donc considérablement.

⑥ La cité marchande. Tous vendeurs ! Tous acheteurs ! La relation client/fournisseur interne est érigée en principe. Une certaine rivalité est admise puisqu'elle doit faire progresser la performance collective. L'émulation, les *best practices*... le *benchmark* sont ainsi érigés en valeurs.

Ne croyez pas que cette forme de management des équipes est réservée aux sociétés commerciales, aux hypermarchés ou aux centrales d'achat. Elles envahissent désormais les sièges sociaux qui doivent s'organiser en sociétés de service.

© La cité inspirée. Là, vous citerez lors d'un prochain dîner avec vos amis saint Augustin. Les personnes réagissent par rapport à des valeurs transcendantes. L'opinion des autres n'est donc pas toujours essentielle.

Imaginez que vous êtes un chercheur dans un laboratoire pharmaceutique. Vous travaillez depuis de longues années sur une nouvelle molécule. Voici arrivé le moment où vous devez présenter vos travaux au comité de direction de la société. L'un des membres du comité directeur vous questionne alors sur la clientèle potentielle et le chiffre d'affaires susceptible d'être généré. La question vous surprend. En effet, vos recherches sont guidées par l'éthique médicale et scientifique et non par des contingences mercantiles. Vous contenez difficilement votre colère mais vous vous persuadez que, malgré l'antipathie soudaine que vous inspire cette personne, il vaut mieux, budget de votre recherche impose, répondre par des références et des chiffres certes approximatifs mais incontrôlables.

> **Et vous : quelles sont vos valeurs ?**

✓ La grille ci-après vous permet de mieux identifier vos préférences. Le niveau 3 signifie que vous vous reconnaissez dans l'affirmation et le niveau 0, que vous ne vous y reconnaissez pas du tout.

✓ Nous sommes rarement fermés comme une huître et c'est normal pour ne pas dire souhaitable de porter plusieurs valeurs.

Et vous : quelles sont vos valeurs ?

Cité domestique

Vos valeurs sont : fidélité, confiance, appartenance au groupe

Vous approuvez la pratique de la cooptation au sein du groupe

Vous estimez qu'une recommandation est une garantie lors d'un recrutement

Vous vous attachez aux valeurs de l'entreprise

Cité civique

Votre action est dictée par les intérêts de l'entreprise ou du service

Les résultats, l'efficacité sont les maîtres mots de votre action

Les résultats sont le fruit d'une procédure claire et détaillée

Cité industrielle

L'entreprise doit être une organisation apprenante. Il faut décloisonner et manager par projet

Les reportings sont les meilleurs alliés du manager

Les résultats sont d'abord le fruit d'une implication personnelle

Soyons à l'écoute du client interne

Cité marchande

Pourquoi ne pas comparer l'efficacité de deux services

Votre motivation repose sur la volonté de réaliser un travail parfait

On ne peut pas comprendre votre travail si on ne s'attache pas à l'intérêt collectif

Cité inspirée

3
2,5
2
1,5
1
0,5
0

Burn in et burn out

Ces deux expressions intraduisibles expriment le mal dont souffrent le plus les managers : burn in, brûler de l'intérieur ; burn out, brûler de l'extérieur[1]. Elles désignent des situations de souffrance qui ne sont pas un stress mais une véritable crise identitaire liée soit à une demande de reconnaissance non satisfaite ou rejetée par des collaborateurs ou des supérieurs hiérarchiques, soit à des incapacités à agir, à décider.

Cette souffrance peut être intériorisée – on parle alors de *burn in* –, le manager vit sa souffrance sans l'exprimer ; elle peut être extériorisée – il s'agit du *burn out*. Elle n'est pas violence, c'est-à-dire qu'elle ne va pas se manifester par une violence orale ou physique contre soi ou les autres. Elle est centrée sur son identité. Elle est moïque diraient les psychanalystes c'est-à-dire centrée sur « moi ».

Quelle est son origine ? C'est en fait très simple. Ne la croyez pas, à l'image de la crise d'adolescence, née d'une opposition à la figure paternelle et de l'entrée à l'âge adulte. Plus profonde, elle est souvent le propre de managers ayant acquis une forte expérience et donc conscients de leur rôle et de leurs responsabilités. Elle peut venir d'un déni de décisions de la part d'un supérieur hiérarchique, d'un refus de se voir conférer des moyens d'action, d'incertitudes nées elles-mêmes d'un manque d'informations ou de messages insuffisamment clairs quant à la politique à mener.

Prenons un exemple sans lien avec notre manager : celui d'un clou à planter. En principe, on ne devient pas dépressif face à une telle épreuve, sauf si on a les deux bras dans le plâtre. Mais voilà, vous voulez planter ce clou et devez regarder en même temps une émission à la télévision. Et là, vous devez faire un

---

1. Ces expressions viennent d'un jargon de la NASA.

sacrifice : le clou ou l'émission. Pourquoi justement faire un sacrifice ? Vous pensez donc pouvoir réaliser les deux. Vous voici en train de chercher le marteau, ce f... marteau car, bien sûr, il n'est pas à sa place. Et les clous ? Où sont-ils ? Il y en a des petits, des gros, des rouillés et, évidemment, il n'y en a pas trois pareils. Maintenant, il faut y aller. L'émission à la télévision d'une part et ce duo d'ennemis que constitue un clou qui ne voudra pas s'enfoncer, et un marteau qui veut à tout prix le faire plier. Quelques coups, dont deux sur les doigts. Ce marteau qui réussit le sien de coup, à savoir qu'il a fait plier le clou, son ennemi. Et un certain énervement qui se transforme en début de crise de nerfs lorsque vous constatez que la taille des clous est de toute façon insuffisante, qu'avec tout cela vous n'avez pas suivi votre émission, et que...

Un site de l'université canadienne de Laval (Québec) donne également une autre recette : prenez un jeune diplômé de médecine récemment sorti de l'université avec les honneurs. Il est fier de son parcours et ses professeurs l'ont reconnu. Il se voit maintenant proposer une place dans un grand hôpital. Il est accueilli par des chefs de clinique heureux de son arrivée, c'est-à-dire fermement décidés à lui faire faire le travail. Mais voilà, ils savent flatter son ego. Affectez-le dans un service dans lequel la fonction administrative n'est plus remplie depuis le départ de Marianne, l'intendante. Laissez-le maintenant se débrouiller avec les tracasseries administratives lui qui, après 14 ans d'études, d'externat puis d'internat, se veut être un neurochirurgien. Attendez un an, puis revenez le voir. Vous aurez vraisemblablement une belle illustration de burn in.

Il s'agit d'une réelle crise identitaire. Ce burn in, cette souffrance intériorisée est bien peu visible. Vous la percevrez peut-être par des comportements paradoxaux. Lui, naguère si enthousiaste à l'idée de certaines perspectives, se place désormais en retrait. Elle, toujours prête à initier des projets communs à plusieurs départements, semble désabusée. Les objectifs sont réalisés, mais ils le sont *a minima* et les plis sur le front, ce sourire légèrement ironique en disent long sur la perte de confiance envers une hiérarchie.

Quelles sont ses priorités ?

Question aussi sotte que grenue aurait dit mon professeur de mathématiques. Réussir, bien sûr ! Réussir quoi ? Réussir comment ? C'est un autre débat.

Si on se réfère aux théories du management, on se convainc aisément qu'un manager ne peut pas maîtriser toutes les techniques et être le spécialiste de toutes les fonctions qu'il encadre. Il est sur ce plan incompétent et l'une de ses qualités est de l'admettre sans en tirer de complexe. Sa valeur ajoutée n'est pas de tout faire lui-même, mais de coordonner. Un peu comme un chef d'orchestre qui a face à lui des virtuoses, des solistes. Au début, c'est souvent la cacophonie. Mais, après quelques mesures, cela devient le chef-d'œuvre.

Un manager planifie, dirige, anime. Il communique, gère l'information, la rend accessible. Il fait face au changement, anticipe, alloue des ressources. Il réussit parce qu'il a une équipe efficace et qu'il sait la rendre efficace.

Ayant écrit cela, nous n'avons cependant rien démontré. Nous connaissons en théorie ses priorités mais ne savons toujours pas pourquoi il ne parvient pas à se concentrer sur elles. Nous savons qu'il doit agir en actionnant différents leviers. Mais comment va-t-il s'y prendre ? Saura-t-il faire de nous des virtuoses ou chacun de nous demeurera-t-il soliste, ne produisant alors qu'un bruit de fond ?

En réalité, notre manager agit en fonction de priorités connues et inconnues, qui influent parfois plus que de raison sur sa façon de manager. Passe encore sa vie de famille : nous le comprenons aisément, car nous pouvons être aussi sous son influence. Passe aussi les grands caps de la vie : la trentaine conquérante, la terrible quarantaine que l'on découvre un matin en écrivant sa date de naissance, ou encore la cinquantaine et cette conviction de ne plus progresser, que tout va devenir un combat pour sa survie face à une horde de jeunes cadres. Rassurons-nous, certains cap-horniers du management franchissent ces caps et, forts d'une confiance retrouvée, nous ouvrent de nouveaux horizons. Il reste alors ces inconnues qui ont une influence sur son mode d'organisation, ces « PIF » ou peurs/incertitudes/frayeurs qui le conduisent à développer des stratégies alternatives ou à prendre des chemins détournés.

Prenez Pierre. Il n'a qu'une crainte : celle de rendre des comptes à son directeur de division. Vivons heureux, vivons caché pense-t-il. Il produit – ou plus exactement vous fait produire – *reporting* sur *reporting*, complète et affiche des tableaux de bord. Curieux pour une personne qui ne souhaite pas se faire remarquer ? Non, au contraire ! Il sature d'informations ses supérieurs et toute personne venant visiter le site de production dont il a la charge. Il produit des résultats, voire de la complexité, et le résultat est un véritable rideau de fumée. Il est d'ailleurs devenu la hantise des départements contrôle de gestion qui ne parviennent pas toujours à extraire l'information pertinente mais n'osent se plaindre. Que voulez-vous ! Pour une fois qu'une unité opérationnelle rend ses comptes et *reportings* à l'heure.

Il a tissé sa toile faite d'alarmes et d'alertes. Il sait lorsque « l'un des siens » est en contact avec la garde rapprochée du directeur de division. Il aura alors pris soin de lui faire répéter sa leçon et, à peine de retour, il sera questionné ou rappelé à l'ordre. Pierre, d'ailleurs, aime à arpenter les couloirs et jeter un coup d'œil paternel dans chaque bureau. Pourtant la moindre tête inconnue suscitera chez lui une inquiétude ou de la suspicion.

La ligne droite qui doit le conduire aux résultats n'en est pas une. C'est une ligne brisée par des avatars, des épisodes de la vie, des incertitudes. Sachez identifier ces ruptures, qu'elles soient réelles ou imaginaires. Vous le comprendrez mieux.

Il est étranger

S'il est Allemand, il devrait être monochrone, son mode de raisonnement serait déductif. Il sépare vie professionnelle et vie privée. Américain le voici nécessairement centré sur le résultat, sa devise favorise serait *who's runing the show* – qui dirige ? Et s'il est Anglais, il est résolument francophobe lisant ce best-seller de la fin des années quatre-vingt-dix *Why I Hate The Frenchies* dans l'Eurostar le conduisant pour ses vacances en... France. Nécessairement habillé avec mauvais goût, il parle fort dès qu'il s'adresse à un étranger...

N'en croyez rien ! Helmut n'est pas forcément amateur de saucisse et de bière, Shirley n'a pas des taches de rousseur et une dentition de lapin, et Robin n'est pas obnubilé par les reporting ou n'a pas que le mot « efficiency » – cette expression intraduisible qui a donné naissance à un mot français tout aussi obscur : efficience – à la bouche.

Étranger, dans quelque pays que ce soit, Helmut, Shirley, Robin ou vous-même, êtes d'abord confrontés à des codes culturels. Ce sont eux qu'il nous faut apprendre et faire apprendre. Manger, saluer, se vêtir... répondent à autant de codes différents. Ils sont la marque d'un groupe social, issus d'une éducation et de traditions. Or, nul ne vous les apprend. Certes le petit lexique du format d'un Assymil ou d'un guide du routard vous expliquera qu'en Angleterre on conduit à gauche, qu'aux États-Unis il y a plusieurs fuseaux horaires et qu'en Espagne *ola* signifie bonjour.

Mais, en réalité, charge à vous de lui apprendre ces différents codes culturels. Il s'agira d'expliquer les habitudes alimentaires mais inutile d'essayer de convaincre un Anglais de manger des cuisses de grenouille ou un Allemand d'apprécier un steak tartare. Contentez-vous alors de détailler les horaires des repas, la nature et le volume des plats et aliments. À lui ensuite, s'il est polonais, de s'habituer à un petit-déjeuner qu'il considérera comme spartiate, de manger copieusement à midi et donc résister au plaisir d'une sieste, ou à un Espagnol de ne pas faire attendre ses invités 13 h 30 pour les conduire dans un restaurant qui d'ailleurs ne servira plus[1].

Intéressez-vous ensuite aux horaires de la vie quotidienne. Voici une petite grille de lecture pour vous persuader qu'à Amsterdam, Londres ou Paris, nous n'arrivons pas ni ne partons pas tous à la même heure. Tableau que vous aurez pris soin de coupler avec les fêtes et jours fériés de chaque pays.

---

1. Quelques habitudes alimentaires : en Pologne, le petit-déjeuner est un véritable repas. Dès lors, on ne mange pratiquement pas à midi – inutile de chercher un restaurant à cette heure-là. Par contre, à 18 h 00, le repas commence par une bonne soupe. En Espagne, n'entrez pas dans un restaurant à 12 h 00. De toute façon, le cuistot n'est pas encore arrivé. Un déjeuner ne se sert pas avant 13 h 00.

© Éditions d'Organisation

Quand sont-ils là ?

	8 h à 9h	9h à 10h	10h à 11h	11h à 12h	12h à 13h	13h à 14h	14h à 15h	15h à 16h	16h à 17h	17h à 18h
Français										
Allemand										
Anglais										
Espagnol										
Italien										
Hollandais										

Ils ne sont pas là

Ils font une pause

Ils sont là

Seule l'équipe
d'encadrement est là

Ne méconnaissez pas enfin les façons de saluer et les distances sociales c'est-à-dire la distance à respecter entre deux personnes qui ne se connaissent pas. Là où un Italien n'hésitera pas à embrasser une femme, l'Allemand préférera une poignée de main franche, le Japonais inclinera légèrement la tête et vous tendra dans la paume de la main ouverte sa carte de visite. Quant à la distance sociale – certains parlent de proxémique –, elle caractérise la distance que vous devez respecter avec un interlocuteur que vous ne connaissez pas.

	< 0,80 m	0,80 à 1,20 m	> 1,20 m
Français			
Anglais			
Allemand			
Espagnol			
Italien			
Américain			

Distance que vous devez respecter.

Et maintenant, imaginez… Imaginez ce manager italien persuadé de devoir faire la bise chaque matin à sa secrétaire, vieille fille au tailleur strict et au chignon des années soixante. Ou encore cette sympathique responsable du marketing espagnole s'approchant au point de le toucher de ce client américain puis, étonnée de son soudain mouvement de recul, s'approchant encore pour entamer la négociation. Et lui de se reculer toujours, jusqu'au point d'être acculé contre le mur. La plainte d'un harcèlement contre l'un, et la certitude que la rencontre est tout sauf professionnelle pour l'autre ne sont pas très loin.

Enfin ne méconnaissez pas les passifs culturels. Quels sont-ils ? Ce sont des certitudes de l'existence d'antagonismes, rendant

© Éditions d'Organisation

difficile toute collaboration. Le problème est qu'ils ne sont jamais fondés, et surtout jamais partagés par l'autre groupe. C'est ainsi que des passifs culturels exprimés par des Français à l'égard d'Anglais ne sont pas du tout les mêmes que ceux exprimés par les Anglais à notre encontre. Le problème des passifs culturels est qu'ils prétendent expliquer tous les échecs et toutes les incompréhensions.

Des exemples de passifs culturels ? Nos amis canadiens sont persuadés que nous sentons mauvais car nous ne nous lavons pas les dents tous les jours. Amis avez-vous dit ? Plus maintenant. Ne parlons pas de cette expression « filer à l'anglaise ». Savez-vous que les Anglais, ces habitants de la perfide Albion disent *to take a french leave* ? Mais n'évoquons pas cette conviction que nous, Français, avons à l'égard des Allemands et de leur velléité de pangermanisme, un pangermanisme qui signifierait pour nous chars d'assaut et tendances hégémoniques[1]. Les Mexicains n'ont jamais pardonné aux Américains l'épisode de Fort Alamo : un territoire envahi par une poignée de mercenaires en quête de victoires faciles et de pillages. Mais ne décrivez pas l'histoire de cette façon si vous allez aux États-Unis. Même si elle est vraie, on ne s'attaque pas à un mythe national. Fort Guantanamo est toujours en activité, rappelons-le !

Pour conclure, imaginons une réunion. L'Espagnol et l'Italien se rapprocheront aussitôt cherchant à nouer une relation cordiale en s'enquérant de la santé de chaque membre de la famille de l'autre. Le Hollandais et l'Allemand les regarderont d'un œil sévère car soucieux de commencer à l'heure. Quant au Français... qu'il soit toulousain, angevin ou lillois, il y a ce quart d'heure, celui qui justifie tout retard. Il est aussi incon-

---

1. Si vous vous intéressez au choc des cultures, lisez P. Deval, *Le choc des cultures : management interculturel*, éditions Eska, 1992.

tournable que la visite de la Tour Eiffel si vous visitez Paris ou le *tea time* à Londres.

L'Allemand prend la parole. Regard de surprise chez l'Espagnol, l'Italien et le Portugais. Le voici qui procède à un rappel historique puis à une présentation de la situation qui prévalait avant la réunion. L'Italien cache mal son ennui et le Français tente une timide ouverture vers le Grec en le questionnant sur sa ville d'origine. Le Hollandais et l'Anglais sortent leurs notes. Regards honteux du Portugais et du Français qui s'empressent de se saisir d'une feuille de papier. Pour l'un, il s'agit de la liste des courses à faire ce soir et, pour l'autre, d'un vague projet de note qu'il comptait remettre à sa secrétaire. Qu'importe pensent-ils, cela fera l'affaire... en cachant un peu le texte. Le Français interrompt l'orateur afin d'obtenir une précision. Surprise et regard désapprobateur de ce dernier qui s'attendait à ce que l'on ne le questionne qu'à l'issue de sa présentation. L'exposé se termine. L'Anglais et le Hollandais applaudissent, ce qui ne manque pas de faire sourire l'Italien et le Français. Mais ils les imitent et applaudissent à leur tour.

Nous voici à la phase de planification et d'organisation. C'est alors que se manifeste le Hollandais au grand désespoir de l'Allemand qui espérait que pour une fois il ne prendrait pas la parole avant que l'exposé ne soit fini. Que veut-il ? Il a tout simplement cru percevoir une légère hostilité au projet de la part des collègues Italiens et Espagnols, et, précise-t-il, un consensus est indispensable. Aussi invite-t-il ses honorables confrères à s'exprimer... Le Français dévoile ensuite au groupe la nouvelle campagne publicitaire. Des courbes et un jeu de couleurs représentent la vitesse. Le style est résolument moderne et le logo de la marque apparaît en grand en bas à droite. L'Italien s'enthousiasme aussitôt, suggérant quelques petits ajustements. L'Allemand est effondré. La publicité est celle d'une nouvelle voiture et il s'attendait à voir être mis en avant le moteur, l'espace intérieur. Arrêtons là sachant que l'anecdote est à peine exagérée.

Saurez-vous alors accueillir et former ce manager ? Oui, sans équivoque ! Rappelez-vous d'un adage de bon sens : « Ce ne sont pas les cultures qui se rencontrent mais leurs porteurs. » Ce sont des femmes et des hommes qui se rencontrent. Au-delà de la langue, quelques astuces pratiques vous rendront, vous et lui, rapidement complémentaires.

Les styles sociaux

Bon d'accord ! Ils font apparaître Jean D., Gisèle H. ou Didier J. comme des « managers positifs », c'est-à-dire n'ayant que les défauts de leurs qualités. Mais la grille pourra vous servir pour comprendre certaines attentes au travail, une façon d'appréhender un projet.

Jean est peut-être « moteur », auquel cas il est passionné ; il « y croit » mais, en même temps, il manque de fiabilité, est trop centré sur l'action. Gisèle est quant à elle « médiatrice » ; elle reste donc à l'écoute, elle est réellement détendue mais elle fuit le conflit.

Voici quatre styles sociaux :

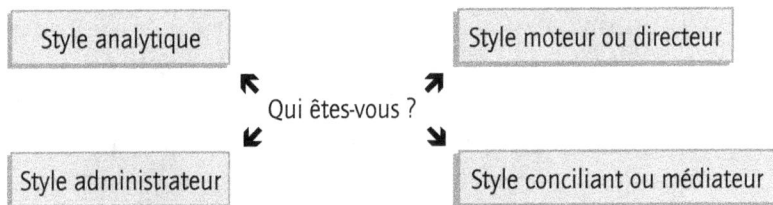

Style analytique	Style moteur ou directeur
↖ ↗	
Qui êtes-vous ?	
↙ ↘	
Style administrateur	Style conciliant ou médiateur

⊚ Style analytique : notre manager, appelons-le Pierre, est patient, précis et méthodique. Ponctuel, il fait souvent référence au passé pour en tirer expérience et modérer éventuellement une action. Pondéré et réfléchi, vous n'obtiendrez pas de lui une adhésion immédiate à une idée ou un projet. Mais revenez à la charge une ou deux fois. Pierre aura pris la peine de réfléchir et vous pourrez peut-être le convaincre. Fiable, il ne remettra pas en cause une décision.

De façon générale, Pierre n'aime pas les conflits. Il analyse la situation mais évite d'avoir à trancher. D'une intelligence vive, il aime acquérir du savoir et n'hésite jamais à s'investir dans des projets formation. Il apprécie le compliment mais ne tombez pas dans la flagornerie.

◎ Style moteur ou directeur : c'est Jeanne. Énergique, enthousiaste, loquace dès qu'elle s'investit dans un projet. Elle est aussi créative, affirmative et donc parfois inexacte dans ses propos. Tournée vers le futur, il s'agit tantôt d'une véritable locomotive, tantôt de ce type de manager qui vous impose une nouvelle charge de travail alors que vous êtes déjà débordé par un quotidien qu'il semble ignorer.

Jeanne peut vite s'emporter. Elle défendra son projet et son équipe bec et ongles. Elle apprécie avant tout d'être reconnue et appréciée. Ce petit défaut pour elle est un grand puits de désespoir pour l'ensemble de son équipe car cela la conduit à accepter encore et toujours plus de projets et activités.

Jeanne – mais ne le lui dites pas – n'est pas toujours fiable. Elle affirme mais n'a pas nécessairement validé l'information. Elle s'engage dans l'action alors que l'objectif est hasardeux, voire peut-être hors d'atteinte. À charge pour vous de l'assister et de lui procurer l'information manquante, de réunir les données, chiffres et autres analyses qui la conduiront à revoir sa position initiale.

◎ Style médiateur ou conciliant : vous pensez alors à Emmanuel. Amical, coopératif, sympathique et confiant. Il est néanmoins prudent, conciliant. Excellent manager en période calme, vous pourrez le trouver en retrait s'il s'agit de gérer le changement. Car Emmanuel fuit l'obstacle. Il le regrette, mais ne sait pas faire autrement. Il manque d'authenticité et ne sait pas toujours être direct. En fait, il évite de dire les vérités qui fâchent et accumule ainsi contre lui les rancœurs de collaborateurs.

Aidez-le à acquérir de la méthode, à structurer et fixer des objectifs. Forcez-le à planifier.

⑥ Style administrateur : le voici déterminé, résolu, soucieux de l'objectif. Il vous donne vraiment ce sentiment de savoir où il va... mais, voilà, vous, vous ne le savez pas nécessairement. Authentique, il fait et pense ce qu'il dit. Mais vous le trouverez alors parfois froid, voire cynique. Centré sur le présent, il est affairé, soucieux du travail bien fait donc du détail. Et sur ces points, il peut sembler exigeant, trop d'ailleurs comme tout éternel insatisfait.

Aidez-le à faire le point sur ses objectifs. Suggérez-lui des axes d'amélioration. Car, rassurez-vous, il ne s'en formalisera pas. Bien au contraire, d'ailleurs ! Il ne souhaitait que cela mais ne savait pas le demander.

Il semble enfin indifférent aux autres. Pour lui, les résultats et l'efficacité passent avant les sentiments. Dès lors, ayez recours à quelques astuces telles le fait de mentionner les dates d'anniversaire des membres de l'équipe, de planifier des dates de réunion pour connaître les orientations de la société et les grands enjeux du moment. Il saura utiliser cette information à bon escient et, peu ou prou, prendra l'habitude de vous informer des grandes échéances et décisions.

✏️ Q u e s t i o n n a i r e ¹

Et vous, quel est votre style ?

Voici 16 affirmations décrivant des situations professionnelles. Si vous pensez que la phrase exprime exactement ce que
vous pensez et faites, entourez la lettre. Sinon passez à la
phrase suivante. Il n'est donc pas nécessaire de répondre à
toutes ces affirmations.

1.	Tout problème a déjà eu sa solution dans le passé. Avant d'innover regardons comment il a pu être résolu il y a quelques années.	A
2.	Vous n'aimez pas les conflits.	A
3.	On vous dit affable, proche des gens et toujours à l'écoute. Ce qui est vrai. Vous appréciez l'esprit d'équipe.	C
4.	Dire ce que vous allez faire et faire ce que vous avez dit que vous feriez. Voilà votre doctrine. Vous demeurez persuadé qu'il faut dire les choses, même si cela doit blesser.	D
5.	Vous vous lancez vite dans l'action et ne prenez pas toujours le temps du recul. Vous vous fiez à votre intuition et à votre expérience.	D
6.	Vous aimez convaincre de vos projets. Vous avez même parfois tendance à les imposer aux autres, convaincu que vous êtes de leur importance.	B
7.	Vous êtes toujours à l'affût du moindre article, du moindre séminaire auquel vous pourriez participer.	A
8.	Vous avez des territoires et n'appréciez pas vraiment que d'autres travaillent sur les mêmes projets que vous.	B
9.	Résultats, efficacité, réalisation des objectifs... demeurent vos priorités. C'est d'ailleurs sur eux que vous entendez être jugé.	D
10.	On vous décrit patient et méthodique.	A
11.	Toute vérité n'est pas bonne à dire.	B
12.	Vous aimez piloter une action de changement lorsque vous en êtes l'auteur. Par contre, vous êtes mal à l'aise et parfois franchement hostile si cette action vient d'autres personnes.	C
13.	Il vous arrive parfois d'affirmer sans avoir contrôlé au préalable l'exactitude des faits.	B

---

1. Vous trouverez les réponses à ce questionnaire en fin de volume, page 133.

© Éditions d'Organisation

14.	Vous n'êtes pas à l'aise face au conflit entre deux personnes. Vous êtes même énervé du fait qu'ils en arrivent à s'opposer devant vous.	C
15.	Toutes les vérités ne sont pas bonnes à dire. La diplomatie est nécessaire, et il est important de savoir trouver les mots, attendre au besoin.	C
16.	Agir selon les règles et les procédures est indispensable. Quitte à être traité de maniaque et de personne rigide, vous préférez cependant vous imposer cette discipline.	D

Totalisez les lettres A, B, C et D. Ne retenez ensuite que les deux premières et reportez-vous en fin de livre.

Chapitre 4

Gérer son chef en 18 leçons

Bon ! Nous savons qu'il peut être monochrone, hyperactif, confond pouvoir et autorité… Mais, sauf à vouloir lui trouver toutes les excuses possibles, cela n'empêche pas les irruptions intempestives, l'oubli de reconnaissance de votre travail ou encore les réunions programmées en fin d'après-midi qui vous feront rentrer très tard le soir et récupérer chez la voisine vos enfants endormis sur un canapé.

Quelles sont les solutions ? Comment gérer son chef ?

Leçon 1

Lui fournir une information adaptée en répondant à sa boulimie d'informations

Pourquoi tant d'empressement ? Tout simplement parce qu'il vous inonde de dossiers, lettres et autres idées sûrement excellentes mais qui tombent mal à propos. Parce que vous devez réaliser certains travaux du quotidien et que, si vous ne les faites pas maintenant, les retards accumulés seront autant de grains de sable dans les rouages de l'organisation.

Bref ! Il vous faut l'occuper le temps nécessaire avant qu'il ne parte en réunion ou soit pris par un rendez-vous. Mais, bien sûr, cette information doit être utile et il doit prendre l'habitude de s'y reporter.

Astuce n° 1

Disciplinez-le en prenant pour habitude de lui donner l'ensemble du courrier à heure fixe. Mais ne triez pas tout vous-même. Laissez-lui une partie de ce travail, surtout en matière de publicités, avis de colloques ou invitations à des petits-déjeuners. Car, ne vous méprenez pas, c'est souvent pour lui une mine d'informations et son ego ne résistera pas au plaisir d'être invité à un petit-déjeuner ou un cocktail.

Astuce n° 2

Créez-lui une bannette spéciale dans laquelle vous placerez des revues. Mais pour être sûr qu'il les lira, mettez en évidence un ou deux articles grâce à un post-it placé sur la page.

Astuce n° 3

Plus subtil encore, placez sur la couverture une fiche de circulation ou chacun devra placer sa signature et, bien sûr, mettez l'acronyme de votre chef en premier. Il lui sera difficile de passer le document sans l'avoir feuilleté.

Astuce n° 4

Utilisez un cahier pour inscrire chaque jour les appels reçus en son absence et indiquez qui a appelé, le motif de l'appel et le numéro où le correspondant peut être joint. Placez ensuite ce cahier dans sa bannette quelques minutes avant la fin d'un rendez-vous, d'un travail ou de ses pauses habituelles. Pour éviter au besoin d'avoir à expliquer chaque appel, n'hésitez pas à ajouter dans certains cas les annotations : démarchage, prise de contact.

Leçon 2

Neutraliser le planning de son chef

Que vous soyez stakhanoviste du travail ou souhaitiez vous réserver du temps personnel, vous aurez intérêt à neutraliser son planning. L'objectif n'est pas d'empêcher toute collaboration, il est simplement d'éviter les réunions de travail placées à 17 h 00 alors que vous avez au minimum 1 heure de trajet pour pouvoir récupérer vos enfants, ou encore les interruptions intempestives dans votre travail qui vous contraignent à reprendre des comptes ou calculs.

Astuce n° 1. Provoquez vos points hebdomadaires

Ne pensez pas pouvoir l'éviter en organisant son agenda à l'opposé du vôtre. Tout au contraire, planifiez d'autorité trois points hebdomadaires. L'un en début de semaine, l'autre en milieu de semaine et le troisième le vendredi matin afin de faire le bilan de la semaine et regarder ensemble les gros chantiers de la semaine à venir.

Astuce n° 2. Le rendez-vous de 11 h 00 ou de 17 h 00

Organisez ses rendez-vous à 11 h 00 ou 17 h 00. De cette façon, vous libérerez pour l'équipe ces plages horaires et ferez ainsi votre « BA » (bonne action) de l'année.

Astuce n° 3. Le courrier à heure fixe

Préparez la bannette du courrier vers 10 h 45. Vous allez ainsi l'alimenter en information, mais le rendez-vous de 11 h 00 va l'empêcher de revenir vers vous.

Astuce n° 4. Neutralisez la plage horaire de 16 h 30 à 17 h 30

Provoquez avec vos collègues de travail, mais sans lui, des réunions à 16 h 00 et ce, de façon à ne pas être disponible à

17 h 00, heure justement à laquelle il souhaitait lui-même organiser un groupe de travail. Par contre, rien ne vous empêche de terminer la réunion à 17 h 07.

Astuce n° 5. Anticipez et planifiez les réunions de service

Planifiez avec lui des réunions de service soit le lundi matin soit le vendredi matin. Ces tranches horaires sont en effet les plus adaptées pour organiser la semaine à venir et faire le bilan des dossiers en cours.

Astuce n° 6. Identifiez ses petites manies

Connaissez enfin ses petites manies car elles sont sensiblement les mêmes, qu'il s'agisse de Marc, Jean-Paul ou Hélène. D'abord il y a ces instants de pause. S'il arrive tôt, il la fera vers 9 h 00. Là, n'ayez pas de scrupule ! Acceptez qu'il fasse irruption dans votre bureau, car cette pause-là vaut de l'or. Elle vous permet d'obtenir une information, de discuter des activités de la journée. Mais pour les autres, fuyez-le car sinon vous l'habituerez à déstructurer votre journée. La seconde pause est en général entre deux rendez-vous ou aux alentours de 11 h 30. Prenez alors l'air affairé, empoignez le téléphone... bref, faites quelque chose qui l'empêche de vous parler. Sinon vous allez perdre un bon quart d'heure. La troisième pause est après le déjeuner. Rassurez-vous, qu'il soit ou non adepte de la sieste, il voudra la consacrer à lui-même ou à lire un journal, des actualités. Quatrième pause : il sera 15 h 00 ou 15 h 30. Ici aussi fuyez-le, sauf si vous estimez l'instant propice à faire passer quelques informations sur un ton anodin. Mais attendez-vous alors qu'il s'en empare et souhaite les traiter en fin de journée.

Leçon 3

Le despotisme de l'urgent

L'urgent : la consigne la plus détestable de la vie professionnelle ! Au nom de l'urgent, vous devrez abandonner un travail en cours qui pourtant était important. Au nom de l'urgent, vous devrez bouleverser les agendas, paralyser toute initiative. L'urgent, c'est surtout cette consigne mystérieuse qui perd tout son intérêt deux ou trois heures après avoir été affirmée péremptoirement. Et voici alors ce « travail urgent » demeurer dans un parapheur le temps nécessaire pour qu'il soit enfoui sous une pile de tâches de la vie quotidienne.

Rappelez-vous ! Il n'y a rien d'urgent. Il n'y a que des choses importantes... sauf bien sûr si l'immeuble brûle ou s'il y a un accident. Dès lors, apprenez-lui à classer ses priorités. Vous pourrez aisément le faire par l'apprentissage de la gestion du temps. Voici quatre principes de bon sens :

Astuce n° 1. Classez les tâches et activités par ordre de priorité

Vous pouvez le faire en utilisant un code couleur ou une classification alphabétique :

- Le rouge ou la lettre A signifie important, à faire de suite ;
- Le jaune ou la lettre B signifie à faire dans la journée ;
- Le vert ou la lettre C signifie à classer, à lire, à traiter ultérieurement.

Idéalement, faites cet exercice avec lui lors de vos points hebdomadaires afin que vous puissiez déterminer ensemble les ordres de priorités.

Astuce n° 2. Souvenez-vous de l'histoire de ce sage chinois et « classez vos cailloux »

Un sage chinois réunit un jour ses disciples. Il leur montra un seau et commença à le remplir de grosses pierres. Il posa alors la

question : « Puis-je mettre encore quelque chose dans le seau ? »
Tous les disciples répondirent immédiatement que non. Le vieux
sage prit alors des graviers et les plaça dans le seau. Ils s'écoulè-
rent entre les gros cailloux. Il reposa à nouveau la question :
« Puis-je mettre encore quelque chose ? » Et ses disciples compri-
rent la leçon. Ils prirent du sable qu'ils jetèrent dans le seau.

Si le sage avait agi en sens inverse. S'il avait pris du sable puis des
graviers, il n'aurait pu placer tous les gros cailloux. Ces gros
cailloux correspondent à vos priorités. Elles peuvent être des
priorités de vie, des priorités professionnelles... Mais, si vous ne
savez pas les définir, puis si vous ne les placez pas d'abord dans
votre agenda, ce même agenda ne vous permettra jamais de les
réaliser. Connaissez-les ! Expliquez-les puis planifiez votre
agenda en fonction de ces « gros cailloux ».

**Astuce n° 3. S'il résiste rappelez-lui cette devinette :
comment fait-on pour manger un éléphant ?**

On le découpe en tranche. Bref ! Un dossier pris dans son ensemble est une comme une montagne. Si maintenant vous le divisez
en activités et en différentes phases, il devient réalisable.

**Astuce n° 4. Pour conclure, appliquez ces règles
de bon sens de la planification**

• Préparez chaque soir son plan d'action quotidien du
lendemain ;

• Planifiez avec soin ses activités et rendez-vous. Utilisez un
crayon pour inscrire des rendez-vous sur un agenda (et non
un stylo car l'encre ne s'efface pas et, si vous devez annuler ou
déplacer un rendez-vous, votre page finira par comporter
plus de ratures que d'annotations). N'hésitez pas à utiliser
toutes les ressources électroniques : les agendas partagés sur
les bases Lotus notes ou Windows, la confirmation électronique des réunions, les « Palm pilot » et autres agendas
électroniques ;

- Précisez l'heure de début et l'heure de fin des rendez-vous et réunions (il n'y a pas d'impolitesse à annoncer à un interlocuteur que la réunion durera 45 minutes Cela rend service à tous et permet de structurer l'intervention) ;

- Se réserver des plages de réflexion ;

- Faire immédiatement ce qui prend peu de temps ;

- Rassemblez et bloquez les plages de rendez-vous téléphonique, lecture du courrier et réponse aux e-mails ;

- Faire le point tous les 15 jours sur son plan d'action quotidien et en tirer des conclusions.

Leçon 4

Disposer d'un réseau interne pour débloquer les situations

Il n'y a pas plus énigmatique qu'une entreprise. En principe, tout doit fonctionner à merveille. Les définitions de fonction sont faites pour que chacun sache pourquoi il est là et quelles sont ses missions. Les procédures internes précisent le comment faire. Les objectifs sont clairs et les compétences sont au rendez-vous. Pourtant quelque chose ne fonctionne pas. Ne parlez pas de grain de sable ! Cela ressemblerait à une excuse et à un incident isolé. Ce serait même trop simple et reviendrait à nier l'ampleur du problème.

Regardez ! Regardez cette imprimante dont on ne sait pas quand elle sera réparée. Ces fournitures qu'on ne peut obtenir sans avoir au préalable complété trois formulaires électroniques. Ce collègue de travail que l'on aimerait voir participer au groupe de projet et que son supérieur hiérarchique refuse de libérer au motif d'une charge de travail. Ne croyez pas dans le premier cas, qu'il s'agisse d'un retard imputable au fournisseur, dans le second d'une procédure de trop et pour le troisième d'une conséquence de la réduction du temps de travail.

Les entreprises ont une vie propre qui s'impose aux organisations les mieux rodées. Les entreprises mais les personnes aussi. Prenez Pierre. D'un tempérament affable, le voici transformé en gardien du temple, opposant des procédures et des horaires impossibles aux personnes voulant accéder à son magasin de pièces détachées et de fournitures. Quant à Jeanne, n'envisagez pas un seul instant d'obtenir qu'un de ses collaborateurs puisse participer à un groupe de travail sans qu'elle en soit au préalable informée, qu'elle ait donné son accord et bien sûr que ce dernier lui fasse un compte rendu toutes les semaines. Les entreprises sont ainsi faites de frontières, d'interdits, de conflits larvés.

Votre force ? Pouvoir disposer d'un réseau interne qui vous permettra de lever des barrières et calmer des susceptibilités. Comment vous y prendre ? Recourez aux principes de bon sens des lobbyistes.

- Tout d'abord, sachez rendre service. Mais ne demandez rien en échange. Accompagnez-le simplement d'un sourire ou d'un message d'encouragement. Et ne vous inquiétez pas : on saura rapidement vous renvoyer l'ascenseur.

- Ensuite, soyez là où il faut être. Lors d'une réunion, d'un cocktail, d'un pot à l'occasion d'un départ, ou encore lors d'un séminaire. Vous ne serez pas la vedette américaine mais soyez là tout simplement. Peu à peu, vous serez identifié comme une personne toujours présente au bon endroit, donc à associer.

- Permettez, en éliminant cependant les intrus, que l'on accède à « votre manager ». Sur le même registre, sachez donner de l'information sans pour autant divulguer des points stratégiques.

- Soyez disponible et contactable. Même si on ne peut vous joindre par téléphone, faites en sorte de répondre aux courriels ou autres « mémos ».

- Soyez solidaire et exprimez-le. Comprenez les « peurs/incertitudes/frayeurs » de vos collègues et montrez vous rassurant. Partagez les priorités des uns et des autres et respectez-les. La force du lobbyiste est d'être présent en cas de doute. Votre force est d'être présent lorsque les uns et les autres sont inquiets, tendus.

- Connaissez vos interlocuteurs et ceux de votre manager. Notez leur identité, fonction et éventuellement tel ou tel aspect les caractérisant. Sachez ensuite les saluer par leur nom alors qu'eux-mêmes n'auront pas pensé à se présenter.

- Devenez un *think tank* ou « réservoir à pensées ». C'est là en effet la carte maîtresse de tout bon lobbyiste. Il doit pouvoir procurer une série d'analyses et de synthèses alors que le manager doute et se questionne. Vous allez bien sûr répondre que vous n'avez pas un diplôme de niveau bac + 14 et que vous vous voyez difficilement maîtriser les matières scientifiques, les analyses marketing, pas plus que vous n'êtes capable de réaliser une veille juridique. Mais rassurez-vous ! Votre force est dans le classement, dans la capacité à vous y retrouver dans les répertoires informatiques et dans ce travail d'écureuil qui fait que vous enregistrez tout rapport, toute synthèse et note de service.

- Activez enfin périodiquement votre réseau.

- Par contre, n'ayez pas recours à la flagornerie, aux cadeaux, aux avantages octroyés. Ne vous faites pas le relais de radio moquette[1] et ne commentez pas les décisions prises par votre chef. Vous auriez alors peut-être de fidèles courtisans, des personnes persuadées que vous disposez d'un pouvoir, mais vous seriez loin de l'efficacité du réseau que l'on active.

---

1. Radio moquette ou radio couloir est le surnom donné à la rumeur. Rappelez-vous à ce propos que la rumeur aime à se persuader de sa légitimité en inventant des adages tels que : « Il n'y a pas de fumée sans feu. »

Leçon 5

Lui apprendre à déléguer

La délégation donne du sens à votre fonction. Elle responsabilise, vous fait participer aux décisions, vous rend acteur. Elle est aussi et surtout le plus formidable outil pédagogique.

Mais voilà ! Déléguer est une des choses les plus complexes pour un manager. Il sera d'abord tenté de vous déléguer des tâches subalternes. Or, on ne délègue pas le ménage. Il s'agit d'une tâche sans aucune responsabilité, sauf si ce ménage concerne les écuries d'Augias. Il tendra ensuite à vouloir contrôler. Mais si une délégation se double d'un super-contrôle, celle-ci perd tout son sens. Déléguer, c'est reconnaître le droit d'agir différemment. Déléguer c'est aussi accepter le droit à l'erreur.

Apprenez-lui les quatre styles de délégation, chacun répondant à un objectif :

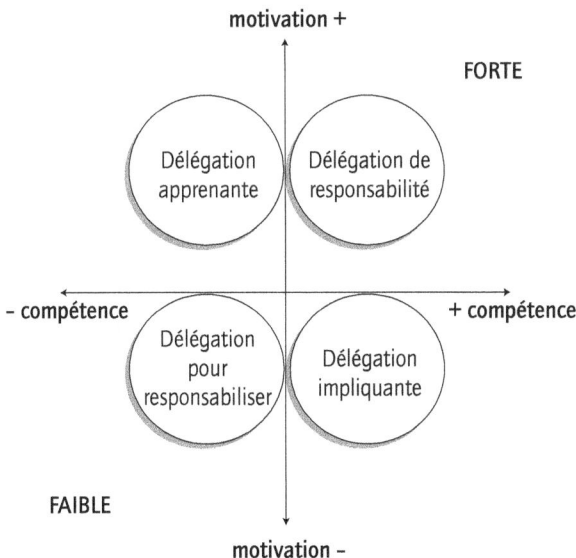

motivation +

FORTE

Délégation apprenante

Délégation de responsabilité

– compétence

+ compétence

Délégation pour responsabiliser

Délégation impliquante

FAIBLE

motivation –

Votre objectif	En fonction de qui ?	Comment faire ?
Former un collaborateur	Sa motivation n'est pas nécessairement au rendez-vous, ce qui ne fait pas de lui une personne à exclure. Si vous êtes dans l'obscurité, vous êtes nécessairement prudent.	Pratiquez la délégation pour responsabiliser : Fixez un objectif qu'il pourra réaliser en 1 ou 3 mois ; Donnez-lui et expliquez-lui le mode opératoire ; Contrôlez *A PRIORI* sa bonne compréhension de l'objectif et du mode opératoire ; Laissez-le agir en acceptant le droit à l'erreur ; Revenez vers lui à l'échéance fixée.
Vous appuyer sur l'expérience d'un collaborateur	La motivation et la compétence sont au rendez-vous. Il peut dès lors reprendre des missions et de nouvelles fonctions. À terme, il conviendra d'envisager un changement de statut.	Préférez la délégation de responsabilité : Fixez un objectif selon la méthode CARAT ; Échangez sur vos savoir-faire (placez-vous à égalité) ; Contrôlez *A POSTERIORI*.
Responsabiliser un collaborateur	Il n'a pas la compétence et peut être aussi pas la motivation. Sauf à vouloir le mettre sur la touche, il faut le responsabiliser avant même de prétendre l'impliquer dans de nouvelles missions. Le manager devra faire alors preuve de pédagogie.	Retenez la délégation apprenante : Fixez des objectifs à atteindre de façon successive ; Expliquez la méthode ; Expliquez les avantages ; Contrôlez *A PRIORI*. Reconnaissez-lui le droit à l'erreur et laissez-le continuer pour qu'il puisse atteindre le 2e ou 3e objectif.
Impliquer un collaborateur	La compétence est là mais pas la motivation. Cela ne le discrédite pas le collaborateur. Simplement, si certaines missions ne sont pas expliquées, elles n'incitent pas à l'initiative.	Pratiquez la délégation impliquante : Fixez l'objectif ; Expliquez l'intérêt et les incidences positives ; Détaillez quelques modalités pratiques à mettre en œuvre pour lui démontrer qu'il a déjà acquis une maîtrise ; Laissez-le élaborer un plan d'action ; Discutez avec lui de professionnel à professionnel ce plan d'action ; Favoriser son action.

Leçon 6

Lui apprendre à fixer un objectif

Faire la vaisselle, dactylographier un document, réaliser un tableau... nous le savons, ne sont pas des objectifs : ce sont des tâches ! L'intérêt de la vie professionnelle réside dans le fait d'avoir des objectifs clairs, précis et que l'on peut réaliser avec les moyens adaptés. Ce sont eux qui font qu'une activité professionnelle prend du sens et que l'on puisse avoir plaisir à la réaliser. L'absence d'objectif confronte à la bureaucratie administrative : faire des tâches dans la seule finalité de faire vivre une procédure. L'absence d'objectif signifie absence de résultats et absence de création de valeur.

Rappelez-vous cette courte histoire : au Moyen Âge un promeneur marche le long des berges de la Seine. Il rencontre successivement trois tailleurs de pierre. Il demande au premier : « Que faites-vous ? » Et le tailleur de pierre de lui répondre : « Je taille une pierre et c'est difficile. » Il pose la même question au second qui lui répond : « Je taille une pierre qui sera une clef de voûte et c'est difficile. » Arrivé à la hauteur du troisième tailleur de pierre, il répète sa question. Le tailleur de pierre lui répond : « Je bâtis une cathédrale. » Qui des trois tailleurs de pierre sera le plus satisfait le soir en rentrant chez lui ?

La méthode CARAT permet de fixer un objectif.

Concret   Un objectif doit être expliqué, clair et sans équivoque.

Ambitieux   Il n'y a aucun objectif dans le fait d'acheter du pain ou de faire la vaisselle.

Réaliste   Et donc réalisable pour la personne qui doit agir.

Assumé   Et donc partagé à deux. Par celui qui le reçoit et celui qui le donne.

Temps   Fixer un objectif, c'est aussi et surtout donner les moyens de l'atteindre. Par la formation, par une logistique et par le temps conféré.

Fixer un objectif c'est aussi prendre le temps de faire le bilan à l'échéance fixée ou lorsque l'objectif est atteint. Les formateurs parlent à ce propos de *FEED-BACK*.

Leçon 7

Préparer et coordonner : le semainier

Votre manager cherche toujours un document au dernier instant. Il part en réunion en pestant car il n'a pas retrouvé l'ordre du jour. Il se fait surprendre par une échéance pourtant périodique... Dans de tels cas, énervement oblige, il aura tendance à faire reposer la faute sur les autres : « ils n'ont rien préparé... Ils ne me facilitent pas le travail... » Ayez alors recours au semainier.

Un semainier a le format d'un parapheur. Il contient 32 onglets correspondant aux 31 jours théoriques d'un mois. Oui, mais alors, pourquoi 32 ? Le 32ᵉ onglet est simplement pour le mois suivant. Il suffira d'y placer toutes les informations utiles, documents reçus et qui serviront à réaliser un dossier à venir.

Son intérêt ? Placer pour chaque jour de la semaine le double de convocation à une réunion, de documents préparatoires, d'invitations à une conférence, d'extrait de l'agenda... Bref, le double de tous les documents qui ont toujours cette fâcheuse manie de se cacher dans une pile de travaux à traiter lorsqu'on en a besoin, ou de convocation à une réunion que l'on avait oubliée car émise il y a plus d'un mois.

Le jour, la semaine écoulée, il suffit de jeter ces doubles et de les remplacer par de futures échéances.

Leçon 8

Pallier sa mémoire défaillante : la main courante

Le temps des vacances arrive. Période bénie durant laquelle on pourra enfin décompresser, oublier les contraintes d'un travail quotidien, les insatisfactions, les querelles de chefs de service... Mais voilà ! Les dossiers, les projets... ne prennent pas fin au jour du départ en vacances de Pierre, Paul ou Jacques. Pour pallier aux trous de mémoire et à la difficile remise en route après deux, trois ou quatre semaines de vacances, ayez recours à une main courante.

Il s'agit d'une liste sur laquelle chacun reportera ses dossiers courants, l'état d'un projet en cours, une échéance à respecter. Elle ressemblera à une « liste à la Prévert » et c'est là tout son intérêt. Si les dossiers avaient une chronologie, s'ils étaient tous liés les uns aux autres, il y aurait peu de crainte d'une déperdition d'informations. C'est justement cette hétérogénéité qui doit faire craindre une perte d'information ou de données.

Dossier en cours	Pilote	Assisté par qui	À faire	Dans quel délai	Actions réalisées quand et par qui

Pour faire vivre la main courante, il suffira d'inscrire :

- Le dossier ou projet en cours ;
- Le pilote du dossier, c'est-à-dire celui qui doit prendre les initiatives ;
- Le ou les actions à réaliser dans tel délai ;
- Une colonne pour « fait » ou « à faire ». En effet, un collègue ou collaborateur aura pu, durant la période de vacances, prendre en charge tout ou partie du dossier ;
- Par qui, c'est-à-dire que celui qui est intervenu mentionne son nom.

À tour de rôle, en fonction de la date de départ en vacances, vous la compléterez. Jacques prend ses vacances le 10 du mois. Il complétera cette main courante avant son départ. Hélène et Jean-Pierre le suivent et partent le 15. Ce sera ensuite à eux de compléter cette main courante le 13 ou le 14.

À charge pour les présents de réactualiser périodiquement cette liste et de laisser dans un fichier partagé ou un dossier commun, les documents et surtout de préciser s'ils sont intervenus.

Leçon 9

Préparer les départs en vacances

Quelques principes d'organisation en vous souvenant que quelle que soit la fonction que vous représentez, vous avez des clients et des fournisseurs internes ou externes, c'est-à-dire des personnes qui travaillent régulièrement avec vous. Quels qu'ils soient, ils attendent de vous un service ou une prestation pour agir à leur tour ou ont besoin de précisions de votre part pour vous fournir une prestation.

◎ **La BAL** (traduisez « boîte aux lettres »)

Il peut s'agir d'une boîte aux lettres physique, où peut-être aurez-vous besoin que le courrier du service soit mis en attente. Mais il s'agit désormais et surtout de votre « boîte aux lettres » électronique. Pensez alors à personnaliser cette BAL et indiquez :

- Vos dates d'absence et de retour ;

- Un message d'alerte : « Je ne pourrai lire votre courriel avant mon retour. » ;

- Éventuellement la ou les personnes vers lesquelles votre interlocuteur peut se diriger.

◎ **Numéro de code** (ordinateurs, fichier, téléphone portable)

Vous avez de multiples numéros de code. Le code d'accès à vos fichiers personnels et votre messagerie, le code d'accès à votre téléphone portable, peut-être le digicode de votre immeuble. Sans que vous soyez suspect d'être atteint de la maladie d'Alzheimer, rappelez-vous que ces codes sont souvent composés par réflexe et qu'un manque de pratique peut vous faire oublier une combinaison.

Renvoi téléphonique. Organisez les renvois téléphoniques soit sur une personne de permanence, soit sur une boîte aux lettres.

◎ **Personnalisez votre boîte aux lettres téléphonique**

N'oubliez pas de personnaliser cette boîte aux lettres selon la même logique que celle retenue pour votre « BAL e-mail ».

⑥ **Diffusion d'une note interne : délégations internes**

Si vous évoluez au sein d'un département composé de plusieurs services, pensez à organiser les délégations internes, c'est-à-dire à faire préciser :

- Qui a la responsabilité du département en l'absence du chef ;
- Qui a la responsabilité de telle ou telle fonction et mission.

Le tout, grâce à une note adressée aux autres départements.

⑥ **Courrier : réception ou non**

Selon la taille de l'équipe vous pourrez choisir de réceptionner ou non le courrier. S'il doit être réceptionné, pensez au besoin à une délégation de signature pour récupérer les envois recommandés.

⑥ **Réunion de bilan avant le départ**

Bien que toutes et tous soient déjà en train de penser aux horaires de train ou d'avion, prenez la peine deux ou trois jours avant les premiers départs de provoquer une réunion durant laquelle chacun procédera à une revue des dossiers en cours. Vous sensibiliserez ainsi ceux qui restent à certaines échéances ou actions. Vous faciliterez la rédaction de la « main courante ».

⑥ **La permanence**

Assurez-vous que les personnes de permanence ont les informations nécessaires. Connaissent-elles leur mission et leur délégation de responsabilité ? Ont-elles été informées de dossiers à traiter, d'éventuels rendez-vous ou appels ? Savent-elles qui sont les clients internes ou externes susceptibles de se manifester ?

⑥ **Joindre les membres du comité de direction**

Si vous planifiez les congés d'un comité de direction, pensez – en respectant le choix de chacun de donner ou non ce numéro – à obtenir le numéro de téléphone où la personne peut être jointe. L'enjeu n'est pas de déranger et de traiter des dossiers courants. Il est celui de l'exceptionnel et d'une éventuelle prise de décision urgente.

⑥ **Délégation de signature**

Elle peut concerner aussi bien des chèques que la réception de courriers, des autorisations d'absence...

⑥ **Main courante**

Il s'agit de cette liste des dossiers en cours mise à la disposition de ceux qui assurent la permanence et qui peut être complétée soit de nouveaux dossiers, soit d'actions réalisées durant la période de vacances.

⑥ **Les absences**

Veillez à informer vos principaux interlocuteurs internes/externes de vos dates d'absences. Et, bien sûr, pensez que toute équipe, tout service a des clients internes et des clients externes. Une simple information pourra éviter bien des désagréments aux uns et aux autres.

Leçon 10

Votre carte maîtresse...

Votre carte maîtresse ! Cette valeur ajoutée dont il ne faudra jamais vous départir, qu'il ne faudra jamais donner ou transmettre, et surtout pas à lui : votre carnet d'adresses. Il s'agit de l'ensemble des numéros de téléphone, adresses e-mail, titres et fonctions d'interlocuteurs utiles.

Rencontres professionnelles d'un jour, correspondants attitrés, clients ou fournisseurs habituels ou occasionnels... jouez les écureuils et prenez des notes, gardez les cartes de visite.

N'hésitez pas, astuce supplémentaire, à y ajouter des références pratiques : médecin, dentiste, garagiste situés près du bureau ou de chez lui. Cette dernière source d'information vaut de l'or. Imaginez, bien que nous ne lui souhaitions pas une rage de dents à quelques heures d'une réunion importante, ou encore une panne de voiture alors qu'il doit partir en déplacement.

Son contenu ?

- Le prénom et le nom de ses interlocuteurs ;
- Le numéro de téléphone portable ;
- L'adresse e-mail ;
- Le titre exact de sa fonction et bien sûr celui de la société.

Comment se procurer l'information ?

- Tout simplement en demandant une carte de visite lors d'un contact téléphonique ou physique ;
- En enregistrant ces coordonnées au bas d'un courrier ;
- Prenez l'initiative de demander un numéro de ligne directe ou une adresse e-mail pour les contacts habituels en expliquant simplement l'objectif, à savoir pouvoir recontacter la personne sans difficultés ;

- Poussez l'investigation à quelques numéros et références utiles : banque de la société s'il dispose d'une carte accréditive, garage, médecin...

◎ **Comment gérer cette base de données ?**

- Classez les personnes par lettre. Préférez la lettre correspondant au métier ou l'entreprise ;

- N'hésitez pas, pour des personnes qui demeurent en contact régulier à les classer à la fois en prenant la référence de l'entreprise et la référence du nom. Ils apparaîtront deux fois, mais cela simplifiera la recherche ;

- Prenez soin d'actualiser cette base une fois par an. La technique la plus simple étant d'envoyer une carte de vœux (en général la personne contactée renverra sa propre carte de vœux accompagnée d'une carte de visite).

Leçon 11

Aborder un sujet délicat

Vous avez..., il a dû être..., nous avons été... tous confrontés à cette nécessité d'aborder un sujet délicat. Et ce, que nous soyons cet enfant de 8 ans, une adolescente de 15 ans, un adulte de 37 ans. Cet instant nous a toujours paru difficile. Nous ne savions pas comment aborder le sujet : « Comment va-t-il le prendre ? Il n'est pas de bonne humeur aujourd'hui... Je n'ose pas... »

☞ **Tout d'abord, ce que vous ne devez pas faire !**

De but en blanc affirmer : « Je souhaite vous rencontrer. » (il vous voit tous les jours, cette demande va le surprendre, l'inquiéter. Il imaginera le pire) ;

Dire : « J'ai quelque chose d'important à vous dire. » (selon son humeur, il piaffera d'impatience et voudra le savoir tout de suite ou craindra une mise en cause) ;

Demander : « Pouvons-nous parler ? » (façon de lui dire : on ne se parle pas, vous êtes indisponible, ce qui est toujours un peu vexant même s'il y a une part de vrai) ;

Vous imposer : « Ça ne va pas, je veux en parler. » (devant le fait accompli il va soit rester sur la défensive, soit devenir à son tour agressif. Ce n'est pas la solution pour un dialogue) ;

De plus, ne vous imposez pas avant ou après un comité de direction.

☞ **Ce que vous devez faire :**

- Respecter ses propres contraintes. Il y a des jours, des heures où il n'est pas disponible ;
- Respecter son agenda. S'il doit partir en vacances par exemple ou en déplacement, ne cherchez pas à vous imposer ;
- Utiliser son agenda à votre profit : connaissez les périodes où il se donne du temps pour lui. Quel qu'il soit, il y a toujours ces périodes pouvant varier de 5 à 15 minutes ;

- Prévoir un rendez-vous dans la semaine mais pas immédiatement ;
- Quelle phrase prononcer ? « Je souhaite vous présenter mon projet... Pouvez-vous m'accorder du temps ? J'ai besoin d'un conseil. » ;
- Mais si vous ne parvenez pas à obtenir ce rendez-vous, provoquez l'entretien annuel d'évaluation.

En conclusion

Que voulez-vous ?	L'outil ou le rendez-vous adapté	L'outil ou le rendez-vous non adapté
Évoquer une difficulté avec un collègue.	Provoquez une réunion de travail à deux pour parler des missions ou délégations conférées. Après avoir analysé différentes phases et l'avancée du projet, évoquez les difficultés rencontrées. Et alors parlez des difficultés relationnelles.	N'abordez pas cette question de but en blanc. Pas de délation ou d'e-mail même si en toute bonne foi vous voulez démontrer l'origine d'un blocage. Pas de transmission d'un courriel en « copie cachée » même si vous souhaitez apporter une preuve.
Ces difficultés sont surtout d'ordre relationnel.	Vous avez plusieurs solutions : Prendre l'initiative. En effet le problème peut être dans la façon d'aborder le sujet. Rappelez-vous la théorie des « cités ». Prenez alors la peine d'exposer votre point de vue et d'écouter le sien ; Obtenir de votre manager une définition plus précise de votre missions. En effet, des missions mal définies peuvent être source d'équivoques. Si le conflit est plus dur, s'il se fait sur la base de coups bas, rumeurs savamment entretenues, réunissez suffisamment d'éléments et de faits. Puis exposez-les ensuite à votre responsable.	La délation ou la critique formulée auprès de votre manager n'est pas de mise. Il vous écoutera, enquêtera mais pourra aussi vous cataloguer comme une personne en qui on ne peut avoir confiance ; Prendre ses collègues de travail à témoin, non plus. Une solidarité de façade pourra exister. Mais ne vous y fiez pas.
Évoquer une difficulté avec lui.	L'outil à utiliser est l'entretien annuel d'évaluation[a].	Ne pas l'évoquer directement car, en fait, il faut séparer la personne des façons de procéder et travailler, où se situe souvent le problème.
Vous connaissez des difficultés pour atteindre un objectif.	Vous avez des objectifs : c'est bien ! Fixez de ce fait des points réguliers avec lui. Provoquez-les au besoin.	L'entretien annuel, car il est bien tard pour recourir à ce type de support. Votre manager ne pourra que s'étonner du fait que vous ne l'ayez pas alerté plus tôt.

Vous souhaitez obtenir plus de moyens	Vous êtes dans le même cas de figure que ci-dessus. Mais l'entretien annuel peut aussi être un bon moment s'il s'agit d'envisager des moyens techniques ou des investissements.	Inutile de l'apostropher dans une réunion de service (cela serait une façon de le mettre en cause). Inutile aussi de provoquer une réunion spécifique. Sortie d'un contexte, c'est-à-dire des missions et fonctions que vous avez à remplir, elle s'apparentera à une revendication.
Vous souffrez d'un manque de visibilité quant à la stratégie.	Suggérez-lui d'organiser des réunions mensuelles s'il ne le fait pas déjà. Proposez-lui des thèmes à l'ordre du jour (et, bien sûr, profitez-en pour y inscrire la question des objectifs à 3, 6, 12 mois).	Le lui dire lors de l'entretien annuel d'évaluation.
Il commet des erreurs et vous voulez le conseiller.	Soyons francs, cela suppose une certaine complicité entre vous. Utilisez les périodes de préparation de réunions. Permettez-vous alors d'évoquer certains points. Vous pouvez aussi, si vous utilisez la solution du semainier (voir leçon n° 7), glisser des indications et autres alertes. Dans tous les cas, l'humour sera le meilleur des outils.	Évoquer un risque pour lui. Lui faire part de rumeurs le concernant. En effet, il sera blessé ou, pire, vous soupçonnera de faire de la délation.
Vous souhaitez évoquer un projet professionnel.	L'entretien annuel d'évaluation, l'entretien de carrière.	Une conversation autour d'un café.
Vous souhaitez évoquer un projet personnel.	Demandez-lui un rendez-vous en affichant tout de suite votre souhait d'obtenir un conseil.	La réunion informelle ou un instant de pause. Il pourra être maladroit en ne vous accordant pas l'attention que vous souhaitez obtenir de lui.

a. L'entretien annuel d'évaluation peut porter différents noms : entretien professionnel, entretien d'évaluation et de progrès…

Leçon 12

Ne rien savoir mais tout connaître

Taisons d'abord nos états d'âme sur le mode «je ne suis qu'un subalterne... je ne suis là que pour faire des tâches secondaires...» Bon d'accord, vous n'avez pas toujours la reconnaissance que vous aimeriez qu'on vous témoigne. Vous êtes exposé aux humeurs de votre chef, tandis que les vôtres sont aussitôt attribuées à votre caractère ou à votre sexe. Mais comprenez cependant que vous avez à jouer un rôle pivot dans l'organisation. Vous représentez la durée, la mémoire de cette organisation. Vous avez aussi une mission de facilitation et d'alerte. L'une de vos forces est de «ne rien savoir mais tout connaître». Une formule paradoxale mais qui se comprend aisément.

☺ **Vous devez être en veille :**

- Cette expression signifie que vous devez être à l'écoute et connaître certains enjeux et contraintes. Ils interfèrent en effet sur le fonctionnement de l'équipe, la charge de travail, mais aussi et surtout sur le devenir de chacun ;

- Vous devez ensuite savoir si de nouvelles compétences, de nouvelles technologies vont apparaître. Rappelez-vous que le progrès se fait selon deux logiques : des bonds technologiques – c'est ainsi que vous avez pu assister à la naissance du minitel, puis à celle des ordinateurs PC, du wifi ou encore des téléphones portables MP3... – mais aussi par des «petits pas». Les bonds technologiques existent tous les trois ou cinq ans, selon le secteur économique. Cela ne veut pas dire qu'ensuite rien ne se passe. Tout au contraire. De petites innovations, des améliorations permettent de progresser. Regardez pour vous en convaincre votre téléphone portable et les services qu'il rend aujourd'hui et ceux qu'il rendait il y a six mois ;

- Ces mutations appellent également celle des compétences. Ainsi, gare à celui ou celle qui ne sait pas prendre ces virages technologiques et fige ses connaissances à un instant donné !

Prenez la peine de parcourir des articles dans des revues professionnelles. Vous connaîtrez ainsi certaines tendances et pourrez obtenir des données sur l'état du marché, de l'économie ou de mutations technologiques ;

- Identifiez la concurrence et prenez habitude de vous intéresser à certains de leurs choix, aux produits qu'ils lancent, l'instant où ce lancement est décidé.

© Connaissez les grandes échéances

Celles de l'entreprise, de votre service, d'une fonction. Planifiez-les et reportez-les sur une année complète. Identifiez également la charge de travail correspondante.

© Soyez à l'affût des changements d'organigramme

Et ce, qu'il s'agisse de ceux de votre entreprise ou de partenaires, d'administrations. Fort bien, direz-vous, mais comment faire ? Vous n'êtes pas à vous seul une agence de renseignements et spontanément on ne vous communiquera pas l'information. Transformez-vous en Sherlock Holmes !

- Tout d'abord, intéressez-vous aux publicités et invitations à des salons, des forums. Ils traitent toujours de nouvelles solutions, de nouveaux modes de management. Habituez-vous à ces jargons même s'ils vous sont pour l'instant étrangers ;
- Gardez les notes de service et identifiez les signataires ;
- Gardez également les cartes de visite de visiteurs, collègues d'autres sites ou établissements ;
- Enfin connaissez les partenaires habituels de votre société ainsi que les fournisseurs.

Leçon 13

Lutter contre les chronophages

Il ne s'agit pas d'une tribu amazonienne ou d'une peuplade mythique. Les chronophages, également appelés « bouffe-temps » sont ces personnes qui désorganisent votre agenda et votre emploi du temps, qui vous volent justement ce temps parfois précieux. Il y a des chronophages que l'on adore, bien que par moments on soit content qu'ils s'éloignent : les enfants, son mari ou sa femme... Mais d'autres s'imposent à vous sans que vous l'ayez demandé et parmi eux, il y a « le chef ». Mais voilà ! Il n'est pas facile de dire à son supérieur hiérarchique qu'il est un bouffe-temps car vous tenez à votre poste. Comment alors le gérer ?

◉ Le planning

Surtout coordonnez les deux plannings : le vôtre et le sien. Au besoin, même, tenez en trois. Le troisième étant celui du service. Indiquez sur ces agendas les heures de réunions, rendez-vous, les grandes échéances. Pour ces dernières, indiquez des périodes complètes (de plusieurs heures à plusieurs jours) et marquez-les en rouge. Travaillez enfin à la fois sur la semaine et le mois pour avoir une vue d'ensemble. Si le rendez-vous ou la réunion doivent être confirmés, utilisez un crayon afin de pouvoir effacer et éviter les ratures inutiles.

◉ Il s'invite dans votre bureau

Mettez-vous debout, ce qui ne signifie pas se mettre au garde à vous. Il s'agit simplement d'éviter que, vous comme lui, vous vous asseyiez dans une position confortable et vous mettiez ensemble à réinventer le monde.

◉ La conversation s'éternise

Sachez clore la discussion avec une pirouette sur le style : « Vous avez raison... Je vais étudier cette question et vous réponds dans... », ou encore évoquez ce dossier important dont il vous a chargé et que vous devez terminer.

⑥ **Il vous apporte le nième dossier important**

Demandez-lui alors d'identifier ensemble son degré d'importance en inscrivant une date butoir, date à laquelle le dossier doit être rendu. Mais, dans un même temps, rappelez-lui deux ou trois autres dossiers qu'il vous a donnés et éventuellement une échéance mensuelle à réaliser. Comparez, mettez en évidence un chevauchement.

⑥ **Il s'invite désormais dans votre bureau après 17 h 00**

Vous avez commis une erreur : celle de l'avoir habitué à vos dépassements horaires. Désormais, il va les considérer comme normaux et s'étonnera parfois de vous voir « partir si tôt » alors qu'il est 18 h 00... Si à l'avenir une réunion doit durer au-delà d'une heure que vous vous êtes fixée, précisez-le sur un ton anodin mais qui ne doit pas être compris comme une plainte ou une récrimination. Par exemple, précisez que « vous deviez..., mais comme la réunion est importante, vous avez préféré différer et vous organiser... ». Il vous en sera reconnaissant mais aura compris le caractère exceptionnel.

⑥ **Un appel téléphonique s'éternise**

Pas facile de raccrocher surtout s'il s'agit d'un client ou de son chef. Mais peut-être que vous-même êtes aussi un peu en cause par une tendance à parler et évoquer différents points. Ici encore, prenez cette habitude de vous lever lorsque vous parlez au téléphone. Vous vous rendrez rapidement compte que vous allez chercher à conclure la conversation.

Leçon 14

Créer de la valeur

Mais entre les bonds technologiques, nous le savons, il y a des « petits pas », de petites améliorations qui font toute la performance d'un dispositif technique et permettent de créer de la valeur. Créer de la valeur : le mot est prononcé. Votre futur, la pérennité de votre emploi, votre fonction... n'ont de sens que si vous créez de la valeur et donc faites progresser une organisation par ces petits pas. Mais, direz-vous, vous n'êtes ni un bureau d'études, ni une équipe commerciale à vous tout seul. Et pourtant vous participez à cette création de valeur. Sachez alors l'identifier et l'exprimer.

Quelle valeur produisez-vous ?

Le temps

Cette denrée si rare, pensent certains. Et bien sachez que par la qualité de votre travail vous êtes susceptible de restituer du temps à vos clients internes ou externes ou encore à votre manager. Vous le faites par :

- un classement systématique,
- la diffusion d'une information claire,
- la préparation d'un dossier, en anticipant une demande car vous connaissez parfaitement les échéances,
- ou encore par la qualité de votre accueil et votre capacité à reformuler toute demande afin de mieux y répondre.

L'accès à l'information

Une fois encore, le classement devient votre meilleur allié, qu'il soit un classement « papier » ou informatique. Mais pensez également aux suivis de dossiers grâce à une CHECK-LIST, à des pratiques de bibliothécaires en insérant par exemple des « fantômes », c'est-à-dire un feuillet indiquant qui a pris tel dossier. Enfin l'indexation de documents, d'articles ayant retenu l'attention, voire de publicités ou catalogues, peut aider à retrouver une information.

◎ Capitalisez les connaissances et les savoirs

Il ne s'agit pas de vous transformer en savant cosinus, mais plus simplement de disposer de l'historique de certains dossiers ou évènements, de classer l'information par thèmes, dates et auteurs. Mais aussi de formaliser certaines pratiques et modes opératoires, depuis par exemple l'utilisation de certaines fonctionnalités du téléphone jusqu'à la lecture de documents comptables. Enfin, sachez mettre en évidence pour l'équipe des articles dans des revues.

◎ Réalisez des tableaux de bord et des *reportings* précis et utiles

Pour qu'ils répondent à ces qualités, ils doivent alerter. Un tableau de bord doit ainsi rappeler la situation qui prévalait, la situation actuelle et un seuil qui peut être un seuil d'alerte, ou le budget fixé.

◎ Le zéro défaut et l'auto-contrôle

Vous devez vous placer dans une logique d'auto contrôle permanent et faire vôtre cette discipline de ne jamais laisser sortir du service une information si elle n'a pas été contrôlée. Une donnée fiable est un gain de temps et d'efficacité indéniable pour toute la chaîne décisionnelle.

◎ Remettez en cause tous les six mois votre façon de faire

Oh, rassurez-vous, il ne s'agit pas de révolutionner chaque semestre vos pratiques ! Posez-vous simplement la question de la pertinence de vos documents, des informations transmises, de la façon de classer, travailler. Soyez critique sans être perfectionniste.

◎ Initiez des démarches de progrès

Et pour cela, n'hésitez pas à formuler des propositions d'amélioration. Certes, peut-être 5 ou 10 % d'entre elles seront suivies d'effet, mais ne vous arrêtez pas au rendement.

© Éditions d'Organisation

⑨ **Soyez à l'écoute de vos clients internes et externes**

Par votre écoute, en prenant soin ensuite de reformuler cette demande, en identifiant le bon interlocuteur et en communiquant au besoin des délais, vous restituerez du temps à votre interlocuteur, serez pour lui un relais fiable (avec ce risque peut-être qu'il souhaitera à l'avenir toujours avoir à faire avec vous), et lui permettrez de construire sa propre action.

Leçon 15

Les bonnes et les mauvaises pratiques du e-mail[1]

Ⓖ Évitez les chaînes et envois en cascade

L'e-mail n'est ni un outil de pétition ou de protestation, ni le moyen d'envoyer en cascade à des amis ce que l'on croit être une bonne plaisanterie. En effet, grâce à la fonction « transfert », vos propos ou positions pourront être aisément détournés. Vous risquez également de contaminer par un virus informatique le disque dur d'un ami ne disposant pas d'un antivirus à jour.

Ⓖ Relisez votre message

Est-il opportun ? Le message est-il clair ? Sait-on pourquoi vous l'envoyez ? Les destinataires sont-ils les bons ? Ne vous répétez-vous pas ? Avez-vous corrigé vos fautes ? Etc. On se décrédibilise vite en se trompant, répétant une information, ou encore en envoyant un message avec des fautes.

Ⓖ Le message est dans le titre

Facilitez la lecture d'un courriel. Ne soyez pas non plus un « voleur de temps » par des envois trop longs. Pour cela, utilisez quelques astuces : résumez votre message dans le titre ; évitez bien sûr l'utilisation de mots tels que « urgent » ou « très important », sauf cas vraiment exceptionnel ; n'hésitez pas à opter pour un style télégraphique.

Ⓖ N'employez pas l'e-mail pour donner un ordre

Préférez toujours une explication orale en face-à-face. L'e-mail n'est pas l'assurance que votre interlocuteur va lire et comprendre la consigne. Réservez cette démarche à des personnes ou

---

1. Mèl, e-mail, courriel, quelle est l'expression correcte ? Les Canadiens francophones parlent de « courriels » et peu à peu le mot s'impose en France ; vous pouvez aussi utiliser e-mail ou mèls.

groupes de personnes en déplacement et assurez-vous qu'elles attendent cette consigne.

⑥ Le courriel facilite l'information

Vous avez peut-être reçu un jour un message qui reprenait les propos et analyses de plusieurs personnes. Le courriel n'est pas un outil de discussion, il peut appeler une réponse, mais c'est tout. Il n'est ni un forum de discussion ni même un « chat ».

⑥ Gare au défaut de confidentialité

L'e-mail est tout ce que vous voulez sauf un outil de confidentialité. De ce fait, n'envoyez pas d'information confidentielle. En effet, une messagerie peut être partagée (entre un responsable et son assistante, par exemple). Une erreur de routage (homonymie par exemple) est toujours possible. Enfin n'importe quel interlocuteur peut utiliser par maladresse la fonction « transfert » et diffuser à son tour votre message.

⑥ Dix lignes maximum

Le courriel est un message court, il doit faire dix lignes maximum. Mais il n'est pas non plus un SMS et ne se satisfait pas d'abréviations. Les phrases sont courtes, peuvent être rédigées à l'infinitif. Le courriel alerte. Mais ne vous croyez pas obligé de tout justifier. Apportez l'explication ultérieurement.

⑥ Ciblez vos destinataires

Par principe votre e-mail s'adresse à une personne ; sinon, il doit s'adresser à un groupe homogène (un comité de direction, votre propre équipe...). Ciblez vos interlocuteurs de façon à ce qu'ils comprennent à quel titre ils sont destinataires.

⑥ Les personnes en copie

Les personnes en copie le sont uniquement pour information ou parce qu'une action va les concerner.

⑥ Ne confondez pas envoi et action

Ce n'est pas parce qu'un e-mail a été envoyé que le message a été parfaitement compris ou l'action entreprise. Même si un accusé de réception est émis automatiquement, cela ne signifie pas que votre interlocuteur l'a lu (cela peut être une assistante), en a accepté le contenu ou est passé à l'action.

⊚ **Ciblez vos messages pour action**

Un message pour action ne cible qu'un destinataire. Si un groupe de personnes est concerné, n'ayez recours au courriel que si ce groupe est éclaté ou physiquement éloigné ; sinon, préférez toujours la réunion et le contact physique. Le courriel ne remplace pas le dialogue

⊚ **Bannissez l'e-mail parapluie**

L'e-mail parapluie est celui que l'on adresse à différents interlocuteurs pour se protéger ou se justifier. Tout au plus ils décrédibilisent leur auteur et poussent ensuite les destinataires à se méfier des messages qu'il leur adresse.

⊚ **Usez des liens hypertexte**

Préférez les liens hypertexte aux fichiers joints, ils sont moins lourds (au plan de la transmission du message). Il s'agit soit d'un lien avec un serveur web (faites alors un copier coller de l'adresse), soit d'un lien avec un fichier accessible sur une base commune.

⊚ **Ne prenez pas d'autres personnes en témoin**

L'e-mail n'est pas un outil destiné à régler ses comptes ou fait pour placer quelqu'un en porte-à-faux. La copie doit être limitée aux personnes objectivement impliquées.

⊚ **Pensez à l'orthographe**

Le courriel est un texte bref mais qui ne supporte pas les fautes d'orthographe. Vous risquez de perdre en crédibilité si votre message de trois lignes comporte autant de fautes que de lignes. Tous les serveurs actuels (Windows, Lotus notes) possèdent des correcteurs d'orthographe. Pensez à les activer !

⊚ **Évitez les e-mails romans**

Votre interlocuteur peut recevoir plusieurs dizaines d'e-mails par jour. Il peut aussi les lire par l'intermédiaire de son téléphone portable ou d'un support de poche. Renoncez aux messages trop longs. L'e-mail ne permet pas de défendre un argumentaire ou une opinion. Ne joignez pas non plus de pièces jointes, sauf si l'objet du e-mail est de transmettre de tels fichiers.

© **Pas plus de cinq à dix courriels par jour**

N'inondez pas vos interlocuteurs d'e-mails et ne devenez pas un « bouffe-temps » à votre tour. Obligez-vous à n'adresser que cinq à dix e-mails par jour. Par ailleurs, contraignez-vous à ne regarder votre messagerie qu'une à deux fois par jour. N'incitez pas, parce que vous êtes accroc de votre messagerie, vos collègues ou collaborateurs à sur-utiliser ce support en les persuadant qu'il s'agit de la seule façon pour eux de vous joindre.

© **N'abusez pas de la fonction « transfert »**

Cette pratique consiste à utiliser la fonction « transfert » pour transmettre un e-mail à des personnes qui ne sont pas directement concernées ; et ce, soit pour les prendre à témoin, soit dans un but de dérision ou de moquerie, de diffusion en chaîne d'une plaisanterie, en vous substituant à l'auteur du e-mail et en le diffusant en « cascade », fût-ce en pensant bien faire.

© **Pensez à l'école du courriel**

Il existe effectivement une école du e-mail. Vous la trouverez sur le serveur http://www.arobase.org/ecole/index.htm. L'e-mail, en effet, c'est aussi des astuces de classement, de visualisation d'une partie du texte pour ne pas avoir à tout lire, des solutions contre les agressions informatiques (messages indésirables).

© **Ne mettez pas en cause une personne, une décision**

N'émettez pas de jugement de valeur sur une action, une décision, une personne... Surtout ne le faites jamais ! Cela ne produit jamais les effets escomptés, se retourne toujours contre vous, vous catalogue comme quelqu'un en qui on ne peut avoir confiance. Si vous devez le faire pour une raison majeure, préparez un argumentaire, rédigez un mémo (mémorandum) et allez défendre votre position directement.

© Éditions d'Organisation

⑨ Homonymie, familles d'envoi...

Créez vos familles d'envoi. Il s'agit de groupes de destinataires que vous sélectionnerez et nommerez (votre équipe, votre service, le comité de direction, l'ensemble des managers...). Attention aux homonymes et sélectionnez certains interlocuteurs habituels dans vos « favoris ». Vous les retrouverez ensuite en inscrivant les initiales. Pensez aux messages d'absence en cas de vacances.

Leçon 16

Les *STROKES*

Scènes de la vie quotidienne : « Ce travail est nul... On ne peut vraiment pas lui faire confiance... Il est complètement dépassé et refuse de se former... » Non, le travail n'est pas nul ! Il est simplement incomplet et peut l'être d'ailleurs parce que vous, manager, ne lui avez pas donné toutes les informations. Oh si, on peut lui faire confiance ! Vous reconnaissez d'ailleurs que sans elle vous ne parviendriez pas à démêler certains dossiers. Simplement vous êtes déçu parce qu'elle a « osé » déjeuner à la table de X, votre ennemi intime. Quant à Pierre, il n'est pas complètement dépassé. Il sait mieux que quiconque exploiter toutes les fonctionnalités du logiciel. Simplement, il ne se forme pas à la langue anglaise. Mais, au fait ! Ne lui aviez-vous pas refusé il y a deux ans sa formation ?

Des phrases trop catégoriques, des jugements de valeurs peuvent faire beaucoup plus de mal que ne le pense son auteur. L'analyse transactionnelle utilise à ce propos l'analogie des *strokes*. Les *strokes*, en jargon américain, ce sont des « besoins de stimulation ». Ils peuvent être :

- Des *strokes* positifs inconditionnels, qui valorisent la personne, la mettent en valeur ;

- Des *strokes* négatifs inconditionnels, qui, au contraire, mettent en cause. Ce sont ces phrases : « On ne peut pas lui faire confiance... Il est dépassé... » Leur jugement est sans appel ;

- Des *strokes* positifs conditionnels, qui valorisent l'acte mais pas la personne, qui mettent en évidence une action, un travail bien fait ;

- Des *strokes* négatifs conditionnels, qui critiquent un travail mais ne mettent surtout pas en cause la personne. Précis, ils critiquent mais ne déstabilisent pas.

Tout le problème dans la vie professionnelle comme dans notre vie sociale est que nous savons très bien manier les *STROKES* inconditionnels négatifs, mais plus rarement les trois autres. Certes il nous faut éviter la flagornerie, la flatterie ou l'hypocrisie. Mais, à l'inverse, nous ne devons pas nous tromper de cible. Si un travail mérite critique, disons-le en signalant le point inexact. Mais ne généralisons pas.

Il vous faut apprendre à votre manager à « stroker ». Évitons bien sûr trop de *STROKES* inconditionnels positifs. Qu'il les garde pour sa vie familiale et sentimentale. Mais déjà apprenez-lui les *STROKES* conditionnels positifs et négatifs. Si une critique doit être faite sur le travail d'une personne du service, aidez-le à mettre en évidence l'erreur ou le caractère incomplet. Sans plus ! Surtout pas de trait rageur barrant une page. Pas de commentaire acerbe ou ironique du type « encore une ! ».

De même, si un travail a été bien exécuté, faites-le lui remarquer et incitez à la petite remarque ou annotation encourageante. Parfois un simple merci peut répondre à ce besoin de stimulation.

Leçon 17

Apprendre à vendre...

Devançons vos objections. Nous avons tous quelque chose à vendre ! Le mot « vendre » est à prendre ici dans un sens figuré. Il s'agit d'argumenter, convaincre ou encore faire adhérer. Argumenter sur un projet auquel vous avez participé et consacré plusieurs semaines, convaincre d'une idée d'amélioration, faire adhérer à une innovation technologique ou un changement organisationnel.

Et il y a derrière cet enjeu, plusieurs motivations :

- *Un besoin de reconnaissance* ;
- *Un brin d'égocentrisme. Que voulez-vous, un stroke positif est toujours agréable à entendre ;*
- *Prouver la qualité d'un travail, la valeur ajoutée, votre valeur ajoutée ;*
- *Se vendre soi-même. Il faut bien penser à sa carrière, n'est-ce pas ?*
- *Mais aussi le souci du bel ouvrage.*

Que devez-vous vendre et comment le faire ?

⑤ Un projet tout d'abord

- Sachez mettre en avant la présentation. Un titre clair, suivi d'un résumé énonçant les enjeux, quelques hypothèses, la solution préconisée et les gains doivent déjà donner envie de lire le reste du texte.
- Utilisez une police de caractères suffisamment grande : un pas de caractère est la référence internationale.
- Favorisez une mise en pages en jouant sur les paragraphes.
- Dans le corps de la démonstration, introduisez votre exposé par cette logique : « D'où venons-nous, où en sommes-nous, où allons-nous ou que voulons-nous ? »

- Identifiez clairement les contraintes, l'environnement, les opportunités.
- Décrivez et quantifiez les gains. Tout n'est pas réductible à l'argent. Mais un gain d'UO (unité d'œuvre) ou de MOD (main-d'œuvre directe) pour reprendre les jargons professionnels, un gain de temps, un gain d'espace... ne sont pas à négliger.
- Enfin, en annexe, mentionnez un planning de déploiement. Il ancrera votre projet dans une réalité.

⑥ Une idée ou une proposition d'amélioration

- Surtout ne critiquez pas la situation qui prévalait jusqu'alors. C'est peut-être votre chef qui en est à l'origine.
- Identifiez les gains en soulignant à nouveau que ceux-ci ne sont pas nécessairement monétaires. Les conditions de travail, l'environnement sont ici également des facteurs de gain.
- Précisez les modalités pratiques pour les obtenir et qui doit être associé à l'action.
- Quantifiez le temps nécessaire pour l'obtenir.

⑥ Votre travail au quotidien

- Expliquez votre méthode de travail, surtout si elle est différente de celle de vos prédécesseurs ou collègues.
- Procédez à du *window dressing*. Il s'agit d'un procédé de communication issu du monde industriel et qui consiste, dans des ateliers, à mettre en avant des améliorations, des résultats en les affichant sur un panneau. En l'espèce, mettez en avant la réalisation d'objectifs individuels ou collectifs en affichant un tableau de bord.
- Demandez de façon plus ou moins formelle, selon que le reste du service adhère où non à cette démarche, à vos clients internes d'évaluer votre prestation.
- Soyez réceptif à la relation équivoque entre la qualité normalement due et la qualité perçue. Prenez par exemple la SNCF. Ses trains peuvent arriver pour 92 % d'entre eux à l'heure. Pourtant ce sera le retard des 8 % restants qui sera toujours ressenti et emportera la critique. Ne mettez pas la barre trop

haut en matière de qualité. Commencez modeste pour toujours progresser. Et faites en sorte que qualité due et perçue soient au même niveau.

- Et si un écart existe, n'hésitez jamais à devancer la critique : expliquez !

⑤ **Vous-même**

- Là, vous allez devoir lutter contre un déterminisme, à savoir que ce que vous faites aujourd'hui conditionnerait votre devenir.

- Faites la liste de vos objectifs et des résultats obtenus durant les dernières années.

- Sur ce plan, soyez un parfait comptable et n'oubliez pas de faire cet exercice chaque semestre, puis d'en garder les résultats.

- Identifiez vos compétences sous forme de verbes d'action : animer, coordonner, planifier, garantir...

- Faites de vos définitions de fonction successives vos alliés. Elles comportent toujours plusieurs missions différentes. Or, si vous rapprochez certaines d'entre elles, vous allez vous apercevoir qu'elles forment un tout cohérent. Imaginons que le verbe coordonner revienne dans plusieurs définitions de fonction, vous avez là une première piste. Peut-être que les métiers de la logistique vous conviennent ?

- Sachez rappeler lors d'un entretien annuel d'évaluation vos compétences inutilisées.

Leçon 18

Les dix mensonges capitaux du manager

Ne les croyez jamais, surtout s'ils sont affirmés avec aplomb !

1er grand mensonge : « Nous sommes envoyés par le siège social pour vous aider. »

N'en croyez rien ! Cela sans l'audit à plein nez. Et donc des décisions douloureuses à prendre à l'issue.

2e grand mensonge : « C'est vu avec votre responsable. Je le connais très bien. »

Soyez aimable avec lui, sait-on jamais, mais contrôlez !

3e grand mensonge : « Ne vous inquiétez pas, il n'y aura aucun coût pour vous. »

Pire ! On va remettre en cause votre organisation.

4e grand mensonge : « Cela a déjà été tenté mais sans succès. »

C'est donc le style : « Voilons-nous la face, ne cherchons pas à comprendre et décidons que c'est insurmontable. » Ne vous contentez pas de cette affirmation.

5e grand mensonge : « C'est urgent ! »

Revoici le despotisme de l'urgent. Celui qui vous contraint à tout arrêter pour vous consacrer à une tâche qui perdra tout intérêt dans quelques heures.

6e grand mensonge : « Excellent travail. Mais vous devriez le compléter sur tel et tel aspect, ajouter cette analyse technique et le représenter, disons... au comité directeur qui aura lieu dans deux mois. »

Bref, votre projet n'est plus prioritaire.

7ᵉ grand mensonge : « Nous devons décider ensemble... »

Faux ! Un manager est là pour décider. La décision est un acte solitaire que le manager doit apprendre à assumer. Il a besoin pour cela de l'éclairage de son équipe. Elle doit mûrir collectivement mais seul le manager est responsable. Bref ! Il ne sait pas, est complètement perdu ou n'ose pas assumer seul la décision.

8ᵉ grand mensonge : « Le chèque est au courrier. »

Il n'en est rien ! En réalité, soit votre interlocuteur a tout simplement oublié de transmettre la demande de paiement, soit celle-ci est encore à la signature.

9ᵉ grand mensonge : « Vous seul êtes capable de mener à bien cette mission. »

Cela ressemble à une forme de suicide professionnel. Trois ont essayé de réaliser la mission avant vous et tous ont échoué.

10ᵉ grand mensonge : « Nous n'avons jamais été aussi proches du but. »

Bref, au bout du tunnel la sortie. Mais, pour l'instant, vous êtes dans le noir le plus complet et ne savez pas où se trouve la sortie.

Réponses aux questionnaires

Et vous, comment réagiriez-vous ? (questionnaire de la page 31)

1re situation

La démarche n'est peut-être pas très aisée, mais il faut que vous alliez renégocier ces objectifs avec la direction.

Ne donnez jamais le sentiment que la détermination d'un objectif peut être contestée à tout instant ou que le plan stratégique de la direction n'est finalement qu'un leurre pour les actionnaires et les financiers. Rappelez-vous de la méthode CARAT. Un objectif doit être clair, ambitieux, réaliste, assumé et disposer de temps. Il est de votre rôle de codéfinir ces objectifs. Et vous devez le faire à l'instant de leur détermination.

2e situation

Un choix de direction est votre choix. Vous devez l'assumer et en être le relais. Bien sûr toutes les mesures ne sont pas populaires. Raison de plus pour l'appuyer. Comme l'heure n'est pas à la discussion (vous aviez déjà présenté ce plan de maîtrise des coûts), il ne sert à rien de réunir l'ensemble de l'équipe.

Rencontrez vos collaborateurs un à un et définissez, en identifiant les contraintes et les besoins de ressources, les économies à réaliser. Ce faisant, vous ne serez pas dans l'arbitraire.

3e situation

Une organisation est par nature vivante. Elle évolue, doit s'adapter à des marchés, à la taille de l'entreprise. Par ailleurs, vous n'êtes pas propriétaire de votre équipe ou département. Il faut accepter que des périmètres puissent changer et que de nouveaux enjeux apparaissent.

Rangez votre orgueil au placard. Un manager, cela assume et gère le changement ! Si vous êtes confiant, votre équipe le sera aussi. Si vous croyez dans les nouveaux enjeux, votre équipe y croira. Ce n'est pas une raison pour utiliser la « langue de bois », et si votre équipe a eu le sentiment que vous n'adhériez pas, soyez franc et précisez ensuite que le doute n'existe plus dans votre esprit.

4e situation

Aucun d'entre nous ne va, espérons-le, durant les 40 ou 45 années de vie professionnelle répéter les mêmes actions, agir dans un pré carré sans innover, sans connaître de nouvelles missions, sans être confronté à de nouvelles difficultés.

Alors oui ! Vous pouvez craindre devant ces nouveaux objectifs que certains connaissent des difficultés. Mais faites-leur confiance d'emblée. Ils ont réussi jusqu'à présent. Retenez la solution n° 3. Recevez chacun pour définir les nouveaux objectifs, identifier les obstacles, définir les moyens à mobiliser et convenez de points périodiques. Bref, tracez le chemin et laissez-les agir.

5e situation

Méconnaître le problème ne solutionnera rien. Votre équipe vous en fera d'ailleurs grief. Le conflit ? Cela n'est jamais une bonne solution, d'autant que certains pourront penser qu'il s'agit là de votre style de management et qu'après lui, ce sera leur tour.

Sans nécessairement jouer sur le registre affectif, reconnaissez sa valeur ajoutée. Elle est justement dans son expérience. Reconnaissez aussi qu'un vieux loup de mer peut aider bien des jeunes capitaines à éviter les récifs. Il ne vous sera pas facile de gagner sa confiance. Mais faites-lui comprendre qu'il a sa place dans l'équipe.

Comprendre les messages négatifs qu'il ou elle peut exprimer (questionnaire de la page 45)

Les chiffres que vous trouverez dans ce tableau correspondent au numéro de la question : « 3 » est donc la question n° 3.

Il vous suffit alors d'indiquer le score que vous avez retenu. Si par exemple vous avez entouré à la question n° 3 la note de « 2 », vous reporterez ce « 2 », et ainsi de suite.

Vous procéderez enfin, pour chaque colonne verticale, à une addition des scores et l'indiquerez dans la rubrique « total ».

« Sois fort »	« Fais plaisir »	« Fais un effort »	« Dépêche-toi »	« Sois parfait »
Score	Score	Score	Score	Score
3)	5)	2)	1)	4)
8)	10)	7)	6)	9)
13)	15)	12)	11)	14)
18)	20)	17)	16)	19)
23)	25)	22)	21)	24)
28)	30)	27)	26)	29)
33)	35)	32)	31)	34)
38)	40)	37)	36)	39)
43)	45)	42)	41)	44)
48)	50)	47)	46)	49)
Total :	Total :	Total :	Total :	Total :

Êtes-vous monochrone ou polychrone ? (questionnaire de la page 39)

Cerclez pour chaque situation la réponse retenue puis totalisez votre score.

	Polychrone	Monochrone
Situation 1	B	A
Situation 2	A	B
Situation 3	A	B
Situation 4	B	A
Situation 5	A	B
Situation 6	B	A
Situation 7	A	B
Situation 8	A	B
Situation 9	B	A
Situation 10	A	B
Situation 11	A	B
Situation 12	A	B
	Total	**Total**

Et vous, quel est votre style ?
(questionnaire de la page 70)

Totalisez les lettres A, B, C, D puis retenez les deux premiers scores.

Vous totalisez plus de « A » :
Vous êtes du style analytique

Patient et méthodique, vous développez un rapport au temps permettant de tirer partie de l'expérience. Concrètement, vous ne vous jetez pas dans l'action et n'hésitez pas à faire référence au passé. Pondéré, vous semblez, pour certains, têtu. Il est vrai que vous n'adhérez pas spontanément à une idée ou une action, préférant y réfléchir.

Votre profil est de type DA : Vous êtes un tantinet maniaque, porté sur le détail. Certes il s'agit de qualités professionnelles, mais cela peut vite devenir agaçant pour vos proches, pour ne pas dire plus. Vous pensez pouvoir animer une équipe. Votre équipe pense parfois le contraire.

Votre profil est de type AD : Là où certains vous attendent pour initier l'action, vous êtes plutôt en retrait. Bien sûr, celui qui vous connaît bien apprécie votre capacité à conceptualiser, à construire un plan d'action. Mais vous êtes déroutant pour plus d'un. Surtout lorsque l'entreprise traverse une passe difficile. Des collègues ou collaborateurs pourront d'ailleurs contester votre leadership.

Comment réagir : Rendez légitime votre action et votre façon d'agir en mettant en avant vos résultats. Car c'est là l'un de vos points forts : votre efficacité. Sachez de ce fait présenter des plans d'action, organisez des rendez-vous périodiques pour exposer la situation à mi-chemin de la date fixée pour la réalisation d'une mission ou d'un projet.

Vous totalisez plus de B :
Vous êtes du style moteur ou directeur

Énergique et enthousiaste, vous affirmez et pouvez sembler péremptoire dans vos prises de position. Véritable locomotive, vous savez séduire par cet entrain et ce dynamisme. Mais vous n'appréciez pas toujours que l'on contrarie vos projets et surtout que l'on empiète sur vos prérogatives. Car alors vous sortez bec et ongles. Affectif, vous protégez plus que de nécessaire votre équipe mais ne parvenez pas toujours à comprendre pourquoi l'un de vos collaborateurs puisse envisager de partir.

Votre profil est de type BA ou AB : Sachez que cette combinaison est rare. Soit vous vous êtes trompé dans vos réponses, soit vous êtes réellement de style moteur, mais avec en prime cette intime conviction de ne jamais vous tromper, que vos conclusions sont justes, alors que parfois vous vous êtes contenté de survoler les données. Vos analyses peuvent parfois être trop rapides, voire superficielles. Le contrôle est pour vous une étape que vous oubliez fréquemment. Prenez le temps de réunir toutes les données ! Imposez-vous ce contrôle. Vous y gagnerez en fiabilité.

Votre profil est de type BC : Ici encore, la combinaison est peu fréquente. Vous penserez sûrement avoir trouvé l'alchimie du leadership car, effectivement, en apparence vous êtes une personne d'enthousiasme, de projets et qui sait entraîner les autres vers l'action. Vous êtes sans nul doute un manager apprécié de votre équipe et de vos collègues. Mais vous êtes en réalité plus pédagogue que leader. D'ailleurs, vous n'aimez pas les conflits. Votre affectivité l'emporte sur vos projets. Vous êtes un affectif doté d'un brin d'égocentrisme.

Vous totalisez plus de C :
Votre style est médiateur ou conciliateur

Amical et coopératif, sympathique et confiant. Vos collègues aiment à travailler avec vous car vous ne cherchez pas à vous imposer ou vous opposer sur des questions de principes. Votre équipe, quant à elle, peut quelques fois vous faire reproche de ne pas être assez ferme, de laisser trop de marges de manœuvre aux uns et aux autres, et d'accepter que d'autres empiètent sur votre territoire. Peu à l'aise dans les conflits, vous les fuyez comme la peste. Homme ou femme de consensus, vous préférez prendre le temps de l'action.

Votre profil est de type CA : On pourrait vous appeler « Lee prof » à moins qu'on ne dise de vous que vous donnez des leçons, ce qui dans ce cas sera moins aimable. Cordial et affable, votre souci est d'expliquer. Vous ressemblez parfois à ce premier de la classe qui savait tout et ne pouvait s'empêcher de le dire et le faire savoir. Homme ou femme de projet, vous n'êtes que peu enclin à encadrer des équipes nombreuses.

Votre profil est de type DC : N'allez pas plus loin ! L'incompatibilité est totale. Soit vous recommencez le test, soit vous ne retenez dans l'analyse que les éléments caractéristiques du style administrateur.

Vous totalisez plus de D :
Votre style est administrateur

Déterminé et centré sur l'objectif, vous pourrez parfois sembler froid et distant, surtout lorsque vous choisissez d'asséner une vérité ou d'expliquer un choix de direction. Soucieux du travail bien fait, vous êtes très – mais peut-être aussi trop – ancré dans le présent. Exigeant et soucieux du travail bien fait, vous apparaissez comme un éternel insatisfait. Cependant, avec vous un travail est réalisé et l'on peut être sûr de sa fiabilité.

Votre profil est de type DB : Vous êtes directif. Par instant, on vous qualifierait de leader. En réalité, vous êtes un peu étouffant et ne laissez pas de marge de liberté. Apprenez à déléguer et à faire confiance. Reposez-vous aussi sur la confiance que vous suscitez car c'est quand même là l'une de vos qualités.

Votre profil est de type BD : Vous êtes obstiné et têtu. Pour vous, ce sont des qualités. Pour les autres, c'est un manque de confiance envers eux. Autocrate par instant, vous avez décidé que c'était comme cela et n'acceptez que pour un temps très court la discussion. Votre qualité est de ne pas être égocentré. Vous savez donc être à l'écoute. Il reste simplement à trouver le bon moment et c'est aussi là que le bât blesse : ce « bon moment » ressemble à une partie de cache-cache. Vous le cachez chaque jour dans un endroit différent, et il faut être particulièrement doué pour le dénicher. Vos colères surprennent. Elles sont de courte durée. Pas rancunier pour deux sous, vous êtes capable de vite prendre le dessus, vous excuser et reprendre les travaux comme si rien ne s'était passé.

© Éditions d'Organisation

Un peu de sagesse dans ce monde de managers stressés

Ces quelques adages ou mots d'auteurs peuvent avoir une vertu pédagogique envers votre manager :

« *Les gens intelligents n'ont pas peur de demander conseil.* »

« *Perfection s'épelle P.A.R.A.L.Y.S.I.E.* »

« *On ne fait rien sans les hommes. Mais sans organisation, les hommes ne font rien.* »

« *Ce ne sont pas parce que les choses sont difficiles que nous n'y parvenons pas. C'est parce que nous pensons qu'elles le sont que nous échouons.* »

« *Tout le monde pensait que c'était impossible. Un jour un étranger arriva. Il ne le savait pas et il le fit.* »

« Un brave général ne se rend jamais, même à l'évidence. »

« Quand le sage montre la lune, l'imbécile regarde le doigt. »
PROVERBE CHINOIS

« Si tu rencontres une tortue sur un piquet, c'est que quelqu'un l'y a mis. »
PROVERBE CHINOIS

« Plus fort chaque matin, plus modeste chaque soir. »
J.K. LAVATER

« L'autorité ne va pas sans prestige et le prestige sans éloignement. »
CHARLES DE GAULLE

« Quel que soit ton conseil, qu'il soit bref ! »
HORACE

« Tu me dis, j'oublie. Tu m'enseignes, je me souviens. Tu m'impliques, j'apprends. »
BENJAMIN FRANKLIN

« Je ne vois absolument pas l'intérêt d'un ordinateur à domicile. »
KEN OHLSEN, fondateur de DEC, 1987

« Nous n'avons nulle raison de nous méfier du monde car il ne nous est pas contraire. S'il y a des frayeurs, ce sont les nôtres. S'il y a des abîmes, ce sont nos abîmes. »
RAINER MARIA RILKE

« Ne pas prévoir, c'est déjà gémir. »
LÉONARD DE VINCI

« Agir en homme de pensée et penser en homme d'action. »
HENRI BERGSON

« L'homme de génie est celui qui m'en donne. »
PAUL VALÉRY